Wallace D. Wattles

La Science
de
L'Abondance

Version française de
The Science of Getting Rich

Les Éditions Jades

Données de catalogue avant publication (Canada)
Wattles, Wallace D.
La Science de L'Abondance
Traduction de: The Science of Getting Rich

Page couverture:
David Drummond
drummond@rocler.qc.ca

© Les Editions Jades
Les Editions Jades
5149 St. Denis
Montréal, Québec H2J 2M1

Distribué par:

New Way Productions
71 Ridge Rd.
Athelstan, Québec J0S 1A0
(450) 264-4743
www.newway.ca

Dépôt légal:
1ᵉ trimestre 1999

ISBN 2-921789-04-3

PRÉFACE

Voulez-vous un changement? Vous êtes fatigué de votre condition actuelle, mais vous manquez d'initiative? Vous vous demandez pourquoi vous n'avez pas réussi à atteindre les objectifs dont vous aviez rêvé? Pourquoi votre situation financière est-elle bien inférieure à ce que vous aviez estimé quelques années auparavant? Alors ce petit livre , écrit il y a cent ans, peut vous aider. Il vous entraînera indubitablement vers un objectif des plus naturels; faire de l'argent.

Ne vous laissez pas influencer par l'épaisseur de ce bouquin. Il existe suffisamment de contenu dans ce manuel pour vous faire réfléchir pendant fort longtemps. Basés sur des lois naturelles, les principes exposés par l'auteur vous amèneront vers la richesse.

Si vous voulez améliorer votre situation quelle qu'elle soit, ce livre vous aidera à exploiter votre potentiel. Les principes exposés dans ce manuel sont éternels, mais rarement ont-ils été si clairement définis!

Si vous voulez réellement changer, si vous voulez vraiment avoir plus, alors faites de ce bouquin votre livre de chevet! Allez de l'avant. Refusez de vous laisser influencer par le présent...

Ayez toujours à l'esprit qu'il existe dans votre for intérieur, une force qui vous incite au dépassement, peu importent les obstacles, peu importent les circonstances.

Comme le cite l'auteur: « La science dans ce livre est une science exacte et l'échec est impossible. »

- Lee Finnie

CHAPITRE PREMIER

LE DROIT D'ÊTRE RICHE

Il est inutile d'être pauvre. Chaque intérieur a le droit de manifester la prospérité.

Quoiqu'on puisse dire sur la valeur morale de la pauvreté, il y a un fait indéniable, c'est qu'il est impossible de vivre une vie complète si on reste dans l'angoisse. S'il ne possède pas une certaine part de prospérité, aucun homme ne peut atteindre aux plus hautes possibilités de son talent ni, s'il est dans la gêne, au développement total de son art.

Pour développer son âme et son talent, il a besoin d'outils, de matières premières, qu'il ne peut obtenir s'il n'a pas l'argent nécessaire pour les acheter.

En se servant des choses qui existent, soit dans le visible, soit dans l'invisible, l'homme développe son esprit, son âme et son corps.

La Société est organisée de telle façon que pour posséder ces choses existantes, l'homme doit avoir une certaine part d'argent. Il n'est donc pas paradoxal d'avancer que la science de la richesse est à la base du développement humain.

L'objet de toute vie est de se développer. Tout ce qui est vivant a droit, absolument, à ce développement intégral. Dans la vie, l'homme est en droit de se servir, sans restriction, en toute liberté, de tout ce qui est nécessaire au développement maximum de tout son être mental, spirituel, physique. En un mot, l'homme a le droit d'être riche.

Le but de la nature est l'avancement et le développement de la vie. Et chaque homme devrait avoir tout ce qui peut contribuer, en ce qui le concerne, à cet avancement et à ce développement: beauté, élégance, et, pourquoi pas, richesse?

Se contenter de l'insuffisant est un péché.

Oui, l'homme a droit au bien-être. La situation dans laquelle il se trouve étant une situation qu'il a créée lui-même par ses pensées, il est en droit et il a le pouvoir de changer cette situation si elle lui déplaît et, de la même façon, par ses pensées.

Pensons-le bien, pour nous et pour tous; et pour nous et pour tous, le bien viendra.

Il n'y a pas de mal à désirer être riche, le désir

de la richesse est uniquement celui d'une vie plus large et plus abondante et qui permette plus d'échanges avec autrui. Ce désir est même louable. L'homme qui ne désire pas une vie relativement abondante est anormal. Il en est de même de l'homme qui ne désire pas l'argent nécessaire pour acheter tout ce qu'il désire.

La vraie vie est l'expression de tout ce que l'homme peut manifester par l'intermédiaire de son corps, de son esprit, de son âme. Quoiqu'on puisse dire, nul ne saurait être vraiment joyeux ou satisfait si son corps ne vit pas à l'aise dans chacune de ses fonctions et s'il n'en est pas de même pour son esprit et pour son âme.

Quand il reste des possibilités non exprimées ou des fonctions non réalisées, un désir demeure insatisfait. Or, qu'est-ce qu'un désir, sinon une possibilité qui demande à s'exprimer, une fonction qui cherche à se démontrer ?

L'homme ne peut pas vivre pleinement par son corps sans une bonne nourriture, des vêtements confortables et des habits chauds, sans être affranchi d'un excès de travail. Le repos et les récréations sont également nécessaires à la vie physique. L'homme ne peut pas vivre complètement par l'esprit s'il n'a pas eu les loisirs nécessaires pour étudier, les facilités nécessaires pour voyager et pour observer.

Pour vivre largement par l'esprit, il lui faut pouvoir goûter les heures intellectuelles, il lui faut pouvoir s'entourer des objets d'art et des beautés qu'il est capable d'apprécier.

Donc le désir d'être prospère est parfaitement louable si vous êtes un être humain normal.

Répétons-le, vous ne pouvez pas éviter ce désir.

Il est juste, donc, que vous donniez votre première attention à la science de la prospérité, parce que c'est une étude noble et nécessaire.

Si vous négligez cette étude, vous ne faites pas votre devoir envers vous-même, vous ne faites pas votre devoir envers l'humanité et envers Dieu, parce que vous ne pouvez rendre plus efficacement service à Dieu ou à l'humanité que si vous faites le plus possible pour vous-même.

Mais quel homme est riche? Quel homme peut s'estimer en état de prospérité ?

Celui qui a ce qui est désirable pour lui, afin qu'il puisse vivre la vie qu'il est capable de mener.

La vie contemporaine est tellement complexe

que les hommes ou les femmes les plus simples ont besoin d'une somme considérable d'argent pour pouvoir vivre d'une façon à peu près complète. Le succès dans la vie, c'est d'atteindre ce qu'on désire; or, on ne peut atteindre ce qu'on désire qu'en se servant de choses et on ne peut se servir de ces choses librement qu'avec une certaine quantité de richesse.

Comprenez ainsi que la *Science de l'Abondance* est une *science essentielle*.

Insistons sur ce rôle de l'argent, sans oublier que la prospérité ne signifie pas la même chose pour tous.

Nous ne voulons pas limiter vos désirs; mais sachez avant tout que le vœu de Dieu est tel: *la paix, l'abondance, le calme*. Rien d'autre; jamais autre chose.

L'argent n'est qu'un moyen d'échange. Si les hommes continuent à amasser cette commodité, à la retirer de la circulation, l'argent deviendra quelque chose d'abstrait, il tombera en désuétude et un autre moyen d'échange sera établi.

Les pouvoirs invisibles ont affirmé cela: sans circulation, il y a stagnation, et la stagnation est la décomposition. Il y a donc intérêt pour tous à ce que l'argent soit réparti entre les hommes et circule.

Ceux qui sont hypnotisés par l'argent ne comprennent pas cela. L'homme qui, aveuglément, se voue à amasser de l'argent ne fait que développer son amour de l'argent et est déjà devenu l'esclave de l'argent. L'homme qui est sage comprendra le rôle de l'argent et deviendra son maître.

L'amour de l'argent est la racine de toutes sortes de maux. La racine du mal, c'est l'amour de l'argent, et non l'argent lui-même. C'est l'avarice de l'homme qui a fait de l'argent, simple commodité pour l'échange des produits, un dieu et qui en a arrêté la circulation, ce qui est contraire aux lois de la vie, où tout est mouvement.

Imaginons que quelqu'un puisse accaparer la circulation de l'air ou celle de l'électricité; le monde en mourrait. Mais ces choses créées par Dieu sont hors de l'avarice de l'homme. Si nous ne mettions notre confiance que dans les choses matérielles, nos vies, bientôt, deviendraient limitées.

Que l'on comprenne bien la pensée de ce livre; il ne perd pas de vue, avant tout, que le Christ a dit: « Cherchez le royaume de Dieu et toutes choses vous seront données par surcroît », et qu'il a ajouté: « Le royaume de Dieu est au-dedans de vous. » Le Royaume, c'est avoir la confiance de Dieu avec nous et travailler avec Dieu dans tous les actes de notre vie.

Mais trop longtemps l'homme a séparé sa religion des actes de sa vie matérielle. Trop longtemps, il a pensé que jouir de l'abondance c'est priver un autre personne d'abondance. Cela n'est pas vrai. Il peut y avoir de l'abondance pour tous et cela sera démontré aussitôt que chaque homme mettra pour lui-même en pratique, dans sa vie quotidienne, les lois.

CHAPITRE II

IL Y UNE SCIENCE DE L'ABONDANCE

Il y a une science de la prospérité, et c'est une science aussi exacte que l'algèbre et l'arithmétique.

Il existe des lois qui permettent d'obtenir tout ce que l'on désire quand elles sont connues ou suivies. Par ces lois, tout homme, avec certitude, peut devenir riche.

Loi naturelle que celle-ci: les mêmes causes produisent les mêmes effets. Donc n'importe qui, homme ou femme, qui se conforme aux lois de l'abondance, obtiendra la prospérité qui découle de l'observation des lois.

Devenir riche ou avoir l'abondance n'est pas une question de milieu. Il n'existe pas un endroit où tout le monde devienne riche. Il n'y a pas de ville où tout le monde soit riche, ni de ville où tout le monde soit pauvre, ni de département dont tous les habitants soient riches, tandis qu'il n'y aurait que des pauvres dans le département voisin.

Au contraire, partout, nous voyons riches et

pauvres habiter côte à côte; et souvent, lorsque deux hommes sont engagés dans le même genre d'affaires, l'un devient riche et l'autre reste pauvre. Il est donc clair que l'endroit n'y est pour rien.

Certes, certains lieux, certaines professions sont plus favorables que d'autres, mais nos pensées peuvent nous mener à ces lieux et à ces professions.

S'enrichir n'est pas non plus une question d'épargne ou d'économie, non plus que l'enrichissement ne dépend du choix d'un certain genre d'affaires, d'un certain métier. On devient riche dans toutes sortes d'affaires, dans toutes sortes de professions, et cela dans le même temps et dans la même profession dans lesquels les voisins demeurent pauvres.

Il est exact que vous ferez mieux quelque chose que vous aimez et que si vous avez certaines aptitudes, certains talents bien développés, vous réussirez mieux. C'est la manière d'accomplir une profession, plus que la profession même qui compte.

Vous pouvez être l'homme le plus pauvre de la terre, profondément endetté, sans ami, sans influence; si vous commencez à vous servir des lois infaillibles, vous commencerez à devenir riche, parce que les lois sont infaillibles. Si vous n'avez pas de capitaux, vous en trouverez. Si vous n'êtes pas dans le métier qui vous convient, vous pourrez entrer dans le bon. Si vous n'êtes pas dans un lieu propice, un meilleur se présentera.

CHAPITRE III

IL N'Y A PAS DE MONOPOLE DE
L'ABONDANCE

Aucun homme ne reste pauvre seulement parce qu'on lui a ôté l'occasion de s'enrichir. Personne ne peut entourer l'abondance d'un mur et il n'existe pas de monopole de l'abondance. Vous pouvez être exclu de certaines affaires, qu'il s'agisse de chemins de fer, de fabrication d'allumettes ou de vente de timbres-poste; d'autres portes que celles-là vous restent ouvertes.

Il est vrai que si vous travaillez pour une grande société, vous avez peu de chances d'en devenir propriétaire; mais vous pouvez y monter en grade.

Personne n'est maintenu dans la pauvreté par le manque de richesse générale. Il y a toujours, à travers toutes les crises, plus d'abondance qu'il n'en faut pour tout le monde. Avec les matériaux de l'Amérique seule, un palais aussi grand que l'Elysée pourrait être construit pour chaque famille de la terre. Dans un seul pays, en bien des domaines, il y a souvent tout ce qu'il faut pour le monde entier, et dans l'invisible, il y a l'infini.

TOUTES LES CHOSES QUE VOUS VOYEZ SUR TERRE SONT FAITES D'UNE SEULE SUB-STANCE. Il n'y a pas de limite à cette substance qui est partout et dans tout. Elle est infinie, elle n'attend que d'être impressionnée par vous pour se manifester dans le visible.

Donc personne n'est pauvre parce que la nature est pauvre. Quand les matériaux de construction seraient épuisés, d'autres apparaîtraient, quand la terre semblerait à bout de ressources, elle se renouvellerait; quand bien même tout l'or, tout le pétrole et le charbon auraient été extraits de la terre, si l'homme en avait encore besoin pour son évolution, la Substance Originelle en produirait. La Substance Originelle répond toujours aux besoins de l'homme: elle ne le laisse jamais démuni de ce qu'il lui faut.

Cela est vrai aussi pour l'homme pris collectivement. Dans l'ensemble, l'humanité est toujours abondamment approvisionnée de richesse. Si les individus sont pauvres, c'est uniquement parce qu'ils ne s'y prennent pas de la « Certaine

Façon » pour être dans l'abondance.

Croyez fermement que la Substance Originelle est intelligente. Elle pense. Elle est vivante et toujours elle est poussée vers plus de vie.

L'impulsion naturelle, innée dans tout ce qui est vivant, est de chercher à vivre davantage. Il est dans la nature même de l'intelligence de s'agrandir et, consciemment, d'atteindre ses limites et de trouver une expression plus vaste d'elle-même. L'univers des formes est tiré de la Substance Originelle sans Forme et celle-ci ne prend forme que pour parvenir à une plus large expression d'elle-même.

L'Univers est une grande Présence Vivante, sans cesse poussée à s'exprimer d'une manière plus ample pour exprimer la vie. Pour cette raison, tout ce qui est destiné à servir la vie existe en abondance.

Dieu ne se contredira point et ne changera point ses lois. Il n'anéantira pas son œuvre. Vous ne demeurerez donc pas dans la pauvreté par suite du manque de ressources et de richesses. Les ressources de la Substance Originelle sont à la portée de tous ceux qui pensent et agissent d'une Certaine Façon.

CHAPITRE IV

PREMIER PRINCIPE
DE LA SCIENCE DE L'ABONDANCE

La pensée est le seul pouvoir qui puisse extraire de la Substance Sans Forme des résultats tangibles.

Toute pensée lancée dans cette Substance Originelle qui pense produit une forme.

Les mouvements de la Substance Originelle s'accordent avec les pensées. Chaque forme, chaque croissance que vous voyez dans la nature est l'expression visible d'une pensée émise dans la Substance Originelle. Si la pensée est une pensée de forme, une forme naît; si la pensée est une pensée de mouvement, un mouvement naît.

C'est ainsi que les choses ont été créées. Nous vivons dans un Monde-Pensée qui est une partie d'un Univers-Pensée.

La Substance Originelle, lorsqu'elle crée, semble suivre dans l'infini les mouvements qu'elle a établis. La pensée qui existe dans un chêne, l'intelligence qui existe dans le gland n'amènent pas instantanément la formation de l'arbre jusqu'à sa maturité, mais mettent en mouvement les forces qui amèneront son développement suivant les lois de la croissance des plantes.

Chaque pensée de forme maintenue dans la pensée de la Substance Originelle engendre cette forme, mais toujours, ou du moins généralement, par les voies du développement normal, par des phénomènes normaux.

Penser à une maison d'une construction donnée n'est peut-être pas suffisant pour faire apparaître instantanément la maison, mais une telle pensée met en marche les énergies créatrices qui travaillent déjà dans quelque métier de la construction et dont les forces seront orientées vers une réalisation rapide. Si la Substance Originelle n'avait pas pour la construction les moyens existants elle les créerait et sans passer par le lent processus du monde organisé.

LA PENSÉE DE FORME NE PEUT ÊTRE IMPRIMÉE DANS LA SUBSTANCE ORIGINELLE SANS AMENER LA CRÉATION DE CETTE FORME.

L'homme est un centre de pensées. Il peut être l'origine d'une pensée. Il ne peut pas façonner un objet avant d'avoir créé cet objet dans ses pensées.

Jusqu'à aujourd'hui, l'homme a limité son effort, presque uniquement, au travail de ses mains. Il a appliqué son labeur à l'Univers des Formes en essayant de changer ou de modifier les choses déjà existantes. Il n'a pas pensé à essayer de provoquer la création de formes nouvelles en imprimant ses pensées d'une façon consciente dans la Substance Originelle.

Quand l'homme pense à une forme, il prend la matière d'autres formes existant dans la nature et fait une image de la forme qui est dans son esprit. Il ne sait ainsi, pour l'instant, que se servir de son intelligence et elle ne fait que peu d'effort pour coopérer avec l'Intelligence sans Forme. « Travaillant avec le Père », l'homme n'a pas songé qu'il pouvait « faire ce que fait le Père. » Aussi, faute d'avoir compris qu'il pouvait réaliser toute chose en communiquant ses pensées à la Substance Intelligente qui n'a pas encore de forme, il s'est borné à refaire et à modifier, par le travail manuel, les formes qui existaient auparavant. Or, *n'importe qui* peut imprégner la Substance sans Forme. Toutes les choses visibles ne sont qu'aspects divers de la même Substance Originelle; toute pensée maintenue en elle produit la forme de cette pensée.

La pensée maintenue dans la Substance Pensante produit automatiquement les formes. L'homme est un centre pensant. Si l'homme communique ses pensées à la Substance Originelle Pensante, il amène la création ou la formation de l'objet auquel il a pensé.

Précisons les lois:

IL Y A UNE SUBSTANCE ORIGINELLE PEN-SANTE DE LAQUELLE SONT FORMÉS TOUS LES OBJETS ET QUI, DANS SON ÉTAT PREMIER, EST PARTOUT, DANS TOUT ET ENTRE TOUT.

UNE PENSÉE INTRODUITE DANS LADITE SUBSTANCE PRODUIT LA CHOSE QUI EST IMAGINÉE PAR CETTE PENSÉE.

L'HOMME PEUT FORMER LES CHOSES DANS SA PENSÉE ET, EN IMPRIMANT SA PENSÉE DANS LA SUBSTANCE QUI N' A PAS DE FORME, IL PEUT AMENER LA CHOSE QU'IL PENSE À SE MANIFESTER .

On nous demandera de fournir la preuve de ces affirmations. Cela est possible, par logique et par expérience.

Si nous raisonnons, nous arrivons à découvrir derrière les phénomènes de formes et de pen-sées une Substance Originelle qui pense; et en raisonnant plus avant, nous arrivons à découvrir le pouvoir de l'homme de créer la formation d'autres choses qu'il pense.

Par expérimentation, nous trouvons que notre raisonnement est vrai et c'est là qu'apparaîtra notre preuve la plus forte.

Si un homme, qui lit ce livre et qui en applique les principes, devient riche contre toutes probabilités courantes, il y aura évidence que notre enseignement peut être vrai. Mais si chaque homme qui agit ainsi devient riche, alors la preuve positive sera donnée.

Pour l'instant, sachez qu'il n'y a qu'une seule Substance qui pense, de laquelle et par laquelle tout est fait.

Ensuite, vous devrez saisir cette autre vérité que chaque pensée maintenue dans la Substance parviendra à sa forme et que l'homme peut imprimer ses pensées sur cette Substance où ses pensées prendront forme et se manifesteront dans le visible.

Quand vous comprendrez cela, vous perdrez tout doute et toute crainte parce que vous saurez que vous pouvez créer tout ce que vous désirez créer et que vous pouvez être tout ce que vous désirez être. A ces premiers pas vers la prospérité, vous serez obligé d'admettre les trois lois fondamentales que nous venons de formuler et que nous répétons ici pour mieux les enfoncer dans votre esprit:

IL Y A UNE SUBSTANCE ORIGINELLE PENSANTE DE LAQUELLE SONT FORMÉES TOUS LES OBJETS ET QUI DANS SON ÉTAT PREMIER, EST PARTOUT, DANS TOUT ET ENTRE TOUT.

UNE PENSÉE INTRODUITE DANS LADITE SUBSTANCE PRODUIT LA CHOSE QUI EST IMAGINÉE PAR CETTE PENSÉE.

L'HOMME PEUT FORMER LES CHOSES DANS SA PENSÉE ET EN IMPRIMANT SA PENSÉE DANS LA SUBSTANCE QUI N'A PAS DE FORME, IL PEUT AMENER LA CHOSE QU'IL PENSE À SE MANIFESTER.

Mettez de côté toute autre idée, sauf celle de l'unité de l'Univers.

Appuyez-vous sur cela jusqu'à ce que cela soit devenu dans votre esprit une idée fixe; jusqu'à ce que cela soit devenu votre pensée habituelle. Relisez de temps à autre les trois affirmations que vous venez de lire. Fixez-en chaque idée dans votre esprit et dans votre mémoire et méditez sur ces affirmations jusqu'à ce que vous soyez convaincu qu'elles sont vraies.

Si un doute vous vient, rejetez-le comme un péché. N'écoutez aucun argument élevé contre ces lois. N'allez point dans les lieux où l'on vous enseignera quelque chose qui soit contraire à ces idées. Ne lisez ni journaux, ni livres qui soient susceptibles de contenir d'autres idées, car si vous mélangez à votre foi des contradictions, tous vos efforts seront nuls.

Ne vous demandez pas pourquoi ces choses sont vraies, ne cherchez pas à expliquer dans votre esprit de quelle manière elles peuvent l'être. Croyez simplement. Car ce qui importe, ce n'est pas le procédé, c'est le résultat.

La science de l'Abondance repose sur l'acceptation absolue de cette foi.

CHAPITRE V

LA VIE PLUS ABONDANTE

Vous devez vous défaire du dernier vestige de cette ancienne idée qu'il y a un Dieu qui a voulu que vous soyez pauvre ou qu'il y a une raison pour que vous soyez maintenu dans la pauvreté.

La Substance Originelle qui est tout ce qui est dans tout, qui vit en tout et qui vit en vous, est une Substance consciente et vivante. Etant une Substance Consciente et Vivante, elle a le désir naturel de toute Substance Vivante et Intelligente: le désir d'accroître, d'élargir sa vie. Chaque chose vivante cherche continuellement à amplifier sa vie, parce que se multiplier est inclus dans l'acte de vie.

Une semence mise dans la terre entre en activité et par cet acte de vie produira des centaines d'autres semences. La vie naît de la vie. Se multiplier est toujours un acte de croissance.

L'intelligence utilise les mêmes lois que la nature. Chaque pensée que nous émettons favorise l'émission des pensées suivantes. Notre conscience est en perpétuel état d'expansion.

Chaque fait que nous apprenons nous conduit vers un autre fait; la connaissance ainsi est un accroissement continuel. Chaque talent que nous cultivons nous donne le désir d'acquérir d'autres talents. Nous sommes gouvernés par les nécessités de la vie qui cherche son expression et nous pousse à savoir plus, à faire plus, à être plus.

Pour savoir plus et être plus, nous sommes obligés d'avoir plus de choses à notre disposition parce que nous n'apprendrons, ne ferons et ne deviendrons qu'en nous servant de plus en plus des choses. Nous sommes donc, pour vivre plus, obligés d'acquérir plus de prospérité.

Ainsi le désir de la prospérité manifeste l'aptitude à une vie plus large, plus conforme à notre nature. Chaque désir traduit l'effort en nous d'une possibilité non encore exprimée et qui désire se manifester. C'est la Force en train de chercher à s'exprimer qui cause les désirs. Ce qui vous donne le désir d'avoir plus de possibilités matérielles, c'est la même Vie que la Vie qui fait pousser les plantes. C'est la Vie qui cherche à s'exprimer plus largement en vous.

La Substance Unique, suivant les lois qui poussent à vivre davantage, veut vivre davantage en vous. Donc, elle désire que vous puissiez avoir toutes les choses dont vous pouvez vous servir. Il n'est pas exagéré de dire que c'est le désir de Dieu que vous deveniez riche. Il peut mieux s'exprimer par votre intermédiaire si vous pouvez vous servir de beaucoup de choses, à condition que vous les considériez comme venant de lui. Il peut vivre davantage en vous si vous avez à votre commandement une possibilité illimitée de vie.

L'Univers désire que vous ayez tout ce que vous désirez avoir.

La Nature est sympathique à vos projets.

Tout, de par l'ordre naturel, est pour vous.

Gardez en vous l'idée ferme que cela est la vérité.

MAIS IL EST ESSENTIEL QUE VOTRE BUT SOIT EN HARMONIE AVEC LE BUT DE TOUT.

Vous devrez désirer une vie vraie et pas seulement les plaisirs ou les sensations. La vie est l'expression des fonctions, mais non point seulement de certaines fonctions. L'individu ne vit vraiment que quand il accomplit toutes les fonctions physiques, mentales et spirituelles dont il est capable, sans excès.

Ne cherchez pas à être riche uniquement pour mener une vie sensuelle ou pour satisfaire vos désirs animaux et vos appétits. Cela n'est pas la vie, cela n'est pas la vie totale. Cela sert seulement vos désirs physiques. Personne ne vit complètement s'il dénie aux impulsions du corps la possibilité de s'exprimer normalement et sainement.

Ne désirez pas non plus être riche uniquement pour avoir des plaisirs d'ordre mental, c'est-à-dire pour arriver à la sagesse, pour satisfaire une ambition, pour être plus savant que les autres, pour être plus en vue que le reste de l'humanité. La plupart de ces choses sont légitimes et constituent une partie de l'existence, mais l'homme qui vit seulement pour les plaisirs intellectuels ne vit qu'une vie partielle et ne sera jamais complètement satisfait de son rôle.

Ne désirez pas non plus être riche uniquement pour le bien des autres, c'est-à-dire en vous sacrifiant vous-même pour le salut d'autrui, à seule fin d'expérimenter les joies de la philanthropie et du sacrifice. Ces joies de l'âme ne sont, elles aussi, qu'une partie de la vie, ni meilleures, ni plus mauvaises que les autres parties.

Mais vous pouvez désirer être riche pour manger et boire sans médiocrité ni excès, pour être entouré de jolies choses, pour voyager et voir les pays lointains, pour nourrir votre esprit et développer votre intelligence, pour aimer votre prochain davantage, pour faire plus de bien, et pour aider les hommes à trouver la vérité.

Rappelez-vous que l'altruisme exagéré n'est ni meilleur ni plus noble que l'égoisme excessif; l'un et l'autre sont des erreurs.

Chassez l'idée que Dieu désire que vous vous sacrifiiez pour les autres. Chassez l'idée que vous ne pouvez acquérir son indulgence qu'en vous sacrifiant. Dieu ne demande rien de tel.

Dieu désire que vous fassiez le plus possible pour vous-même et pour les autres car: *vous aidez davantage les autres en travaillant à fond pour vous-même que de n'importe quelle autre façon.*

Vous ne pouvez travailler à fond pour vous-même qu'en acquérant la prospérité qui vous est nécessaire. Il est donc juste et louable que vous donniez vos premières pensées et vos meilleures pensées au soin d'acquérir cette prospérité.

N'oubliez pas, nous ne cesserons de vous le

répéter, que le désir de la Substance s'applique à tous, que son mouvement tente à obtenir pour tous davantage de vie. Ce désir et ce mouvement de la Substance ne travailleront point pour diminuer la vie en quoi que ce soit. Ils ne tendent, et également pour tous, qu'à développer la prospérité et la vie. La Substance Intelligente *créera les choses pour vous, mais ne les prendra pas aux autres pour vous les donner.*

CHASSEZ L'IDÉE DE RIVALITÉ. Votre rôle est de créer et non d'entrer en concurrence pour ce qui existe déjà.

Vous n'avez pas besoin de prendre quoi que ce soit à un autre.

Vous n'avez pas besoin, lorsque vous concluez un marché, de faire un trop bon marché.

Vous n'avez pas besoin d'être malhonnête ou de prendre un excessif avantage ou de faire travailler quelqu'un pour un prix inférieur à sa valeur.

Vous n'avez pas besoin de convoiter les biens d'un autre ni de les regarder avec envie. Nul n'a un bien que vous ne puissiez avoir également et cela sans le prendre à autrui.

Devenez un créateur et non un compétiteur. Vous obtiendrez tout ce que vous désirez, mais de telle façon que lorsque vous aurez, chacun des autres aura plus qu'il n'a maintenant.

Nous savons qu'il existe des hommes qui acquièrent des fortunes énormes en employant des procédés exactement opposés à ceux que nous venons d'indiquer, et cela demande une explication:

Les hommes de cette catégorie, les milliardaires, réussissent quelquefois, en raison de leurs aptitudes sur le plan de la compétition. Mais il arrive qu'ils soient inconsciemment d'accord avec la Substance, dont le grand but et l'évolution visent au bien général et à l'amélioration du sort collectif par l'industrie. Un Rockfeller, un Carnegie, un Morgan ont été les agents, dans leur travail de systématisation et d'organisation de la production industrielle, les agents inconscients du pouvoir suprême; car, finalement, leurs efforts contribuent énormément à l'amplification de la vie humaine. Mais leur temps est presque terminé. *Après avoir organisé la production, ils seront remplacés bientôt par des offices collectifs qui vont, eux-mêmes, organiser la répartition.*

Les milliardaires sont, aujourd'hui, comme les monstres reptiliens des âges préhistoriques. Ils ont joué leur rôle dans l'évolution, mais le pouvoir qui les a engendrés va les faire disparaître. Il faut d'ailleurs reconnaître qu'ils n'ont jamais été vraiment riches. Si on faisait le récit de leur vie privée, on verrait que certains d'entre eux sont véritablement parmi les pauvres.

Les richesses obtenues par la voie de la compétition ne sont jamais durables. Elles sont à vous aujourd'hui, elles seront à un autre demain. Rappelez-vous, si vous voulez devenir riche par la méthode rationnelle, par cette méthode que nous nommons « une Certaine Façon », *que vous devez vous affranchir complètement de toute pensée de concurrence.* Ne songez pas un instant que les ressources générales sont limitées. Aussitôt que vous commencez, pour un instant, à croire que tout l'argent est ramassé, est contrôlé par les banques et par d'autres, à ce moment, vous entrez dans le plan de la compétition et vos pouvoirs sur le plan créateur sont, pour un temps, abolis. En outre, vous avez probablement immobilisé les mouvements créateurs que vous avez déjà mis en train.

Sachez qu'il y a d'innombrables milliards de dollars d'or qui ne sont même pas prospectés. Et si ceux-là n'existaient pas, d'autres seraient créés par la Substance Pensante pour satisfaire vos besoins.

Sachez que l'argent dont vous avez besoin va venir, même s'il est nécessaire pour cela que des milliers d'hommes découvrent des mines nouvelles.

Ne regardez jamais les ressources visibles, regardez toujours les richesses illimitées qui sont dans la Substance sans Forme, et sachez qu'elle s'approche de vous aussi vite que vous avez la possibilité de les recevoir et de les employer. Personne, de ceux qui amassent les ressources visibles, ne peut vous empêcher de recevoir les richesses qui sont vôtres.

Ainsi, ne vous laissez jamais aller un instant à penser que le meilleur terrain à bâtir sera pris avant que vous ne soyez prêt à construire, si vous ne vous hâtez pas. Ne vous souciez jamais des trusts et des combinaisons. Ne craignez pas que toute la terre finisse par leur appartenir. N'ayez jamais peur de manquer l'objet de votre désir parce qu'une autre personne peut l'emporter sur vous, cela ne peut pas arriver car vous ne cherchez rien qui appartienne à un autre. Vous vous bornez à tirer de la Substance sans Forme ce que vous désirez et les ressources de la Substance sont illimitées. Tenez-vous strictement aux règles qui vous ont été indiquées:

IL Y AURA UNE SUBSTANCE ORIGINELLE PENSANTE DE LAQUELLE SONT FORMÉS TOUS LES OBJETS QUI, DANS SON ÉTAT PREMIER, EST PARTOUT, DANS TOUT ET ENTRE TOUT.

UNE PENSÉE INTRODUITE DANS LADITE SUBSTANCE PRODUIT LA CHOSE QUI EST IMAGINÉE PAR CETTE PENSÉE.

L'HOMME PEUT FORMER LES CHOSES DANS SA PENSÉE ET EN IMPRIMANT SA PENSÉE DANS LA SUBSTANCE QUI N'A PAS DE FORME, IL PEUT AMENER LA CHOSE QU'IL PENSE À SE MANIFESTER.

Si vous n'avez pas de situation, affirmez de cette façon: « Je suis un enfant de Dieu, Dieu est en moi; et où est Dieu est l'abondance. La situation dont j'ai besoin est là. » Plus clairement vous maintiendrez cette idée, plus vite la situation se manifestera. Vous n'avez pas à vous préoccuper du comment; gardez votre esprit ouvert et la réponse viendra. Si la situation qui se présente ne semble pas vous plaire, prenez-la quand même, parce que si elle n'est pas la place rêvée, elle est probablement le canal qui vous mènera à la bonne. C'est le signe que vos affirmations sont en marche.

Si vous êtes dans les affaires et que les clients sont rares, affirmez et voyez des clients en masse, à qui vous donnez satisfaction et qui paient les prix justes; et les clients afflueront.

Si vous avez une occupation qui ne vous plaît pas, au lieu d'affirmer cela, affirmez que le travail qui vous convient est déjà là, à côté de vous, et va se manifester.

Ne dites jamais que les affaires ne marchent pas. Voyez-les toutes bonnes, et toutes seront bonnes pour vous. Ne voyez pas les défauts de vos collègues; n'ayez jamais peur qu'ils vous prennent vos clients et n'essayez pas de leur prendre les leurs.

Si vous avez besoin de capitaux pour une affaire honnête et juste, affirmez avec conviction et vous obtiendrez.

Si telle marchandise ne semble pas plaire, cherchez pourquoi, voyez les défauts. Faites votre possible pour plaire à vos clients. Ne dites pas que vos clients veulent tout pour rien, qu'ils ne sont pas généreux et ainsi de suite... Et entre temps, au lieu de vivre dans l'extérieur, pensez à la Source de toute chose.

C'est vous qui semez, mais ce n'est pas vous qui donnez la récolte. « Dieu a des façons que nous ne connaissons pas. » N'oubliez pas cela. Ne regardez pas, et cela pour votre bien, dans une certaine direction précise, parce que souvent vous vous fermez la bonne direction, que vous ne voyez pas encore.

Prenez l'habitude, d'avoir présent à votre esprit un texte, un texte des Ecritures par exemple, celui qui vous donnera le plus de foi et d'assurance. Il vous aidera à vivre dans le royaume des idées vraies et les choses extérieures vous toucheront moins.

Prenez l'habitude de considérer Dieu dans chaque rencontre de votre vie. Rien n'est insignifiant; rien n'est en dehors de la grandeur de Dieu. Ne pas invoquer la force de Dieu est un tort. Gardez votre équilibre, votre calme et priez sans cesse.

Devant n'importe quelle vicissitude, affirmez: « Dieu est là, avec Dieu tout est possible; je suis supérieur à mes apparences. » N'oubliez pas que le Christ a dit: « De moi-même, je ne peux rien faire. » Cherchez à avoir conscience de ceci: que Dieu est plus près de vous que vos mains et vos pieds.

Ne vous critiquez pas vous-même. Ne critiquez pas la plus belle création de Dieu. Ne critiquez pas une âme sur le chemin de son union avec Dieu. Affirmez votre perfection et votre volonté de manifester cette perfection. « Comme un homme se croit dans son cœur, tel il est. » Il n'y a pas de vantardise dans notre cœur, rien que l'humilité et plus on avance sur le chemin, plus profonde est notre humilité.

CHAPITRE VI

COMMENT
LES RICHESSES VIENNENT A VOUS

Quand nous disons que vous n'avez pas besoin de faire des marchés trop avantageux, nous ne disons pas que vous ne devez faire aucun marché ou que vous ne devez avoir aucune relation avec les autres hommes. Nous disons seulement que vous ne devez entretenir, avec vos contemporains, que des relations équitables. Il ne vous est pas permis, en effet, d'obtenir quelque chose pour rien.

Au contraire vous pouvez donner à chaque homme plus que vous ne lui prenez.

Vous pouvez ne pas lui donner plus en valeur matérielle que l'argent que vous obtenez de lui, mais il y a une autre manière de donner plus. Le papier, l'encre, les autres choses matérielles qui forment ce livre ne valent pas pensez-vous, le prix que vous l'avez payé ? Mais les pensées qu'il suggère vous apportent des milliers de dollars. Ceux qui vous ont vendu le livre vous ont donné une grande *valeur-usage* pour une petite valeur argent.

Supposez que l'un de nous ait un tableau de maître, un tableau d'un grand prix, qu'il aille dans la baie de Baffin et que, par savoir-faire commercial, il amène un Esquimau à lui donner en échange du tableau un ballot de fourrures d'une valeur de cinq cents dollars. En vérité, l'Esquimau pourra se trouver volé, car bien que le tableau ait une grande valeur dans une grande ville, il n'en a aucune pour lui. Il n'ajoutera rien à sa vie. Pour lui, la valeur-usage est nulle.

Qu'au contraire, l'Esquimau reçoive pour son ballot de fourrures un fusil de cinquante dollars, il fait une bonne affaire, parce que le fusil peut lui procurer d'autres fourrures et une abondante nourriture. L'Esquimau, avec le fusil, ajoute quelque chose à sa vie; il peut dire qu'il est riche.

Ainsi, lorsque l'on s'élève du plan de la compétition au plan de la création, on doit regarder de très près toutes les transactions que l'on traite. Si vous vendez des choses qui ne contribuent en rien à la vie, ayez le courage d'arrêter tout de suite ce genre d'affaires.

Vous n'avez pas besoin de prendre avantage

sur autrui. Donnez à chaque homme davantage en valeur utile qu'il ne vous donne en argent. Donnez-lui en plaisir et en joie. De la sorte vous l'aiderez dans sa vie et, à la longue, vous aiderez le monde entier.

Si vous employez du personnel il vous arrive de tirer de lui plus de valeur que l'argent que vous lui remettez en salaire; mais vous pouvez organiser votre affaire en utilisant le principe de l'avancement, de manière que chaque employé qui le désire puisse un peu, chaque jour, améliorer son sort.

Vous pouvez organiser votre entreprise de manière à faire pour vos employés ce que ce livre fera pour vous. Vous pouvez conduire vos affaires de telle façon qu'elles soient des échelles par lesquelles chaque employé pourra, s'il le veut, s'élever vers la prospérité. Votre rôle est de lui offrir l'occasion, le sien est d'en profiter. S'il ne le fait pas, ce n'est pas votre faute.

Comment la prospérité vous viendra-t-elle? Que vous tiriez tous vos biens de la Substance sans Forme qui est partout et vous entoure, cela ne veut pas dire que ces biens doivent, par quelque tour de prestidigitation, se condenser dans l'atmosphère et prendre forme sous vos yeux.

Si vous désirez une nouvelle machine à coudre, par exemple, nous ne disons pas que vous devez impressionner la Substance sans Forme, dont la pensée est partout présente jusqu'à ce que la machine, sans intermédiaire, se manifeste dans la pièce où vous êtes. Mais si vous désirez une machine à coudre, gardez-en en vous-même l'image mentale, avec la certitude qu'elle est en train de se fabriquer pour vous et qu'elle est en chemin vers vous. Après que vous avez formé cette pensée, ayez la foi absolue que la machine va venir. Parlez-en, pensez-y comme si le fait était accompli, comme si l'objet vous appartenait déjà. Elle vous arrivera par le pouvoir de l'Intelligence qui impressionne les esprits des hommes. Peut-être sera-t'il nécessaire de faire venir un homme de New-York ou du Japon pour organiser telle ou telle transaction, dont le résultat sera l'accomplissement de votre désir. Dans ce cas, la transaction sera aussi avantageuse pour cet homme que pour vous.

N'oubliez pas un instant que la Substance qui Pense est dans tout et partout, qu'elle est en communication avec tout et peut influencer tout le monde. Le désir d'une vie plus abondante, dans l'exemple que nous avons imaginé, est le meilleur moyen d'aider l'Intelligence qui Pense à provoquer la fabrication d'une machine à coudre. Et l'Intelligence, aidée par votre désir, en créera des millions d'autres quand l'homme avec lequel vous avez été en rapport mettra la chose en mouvement par ses désirs et ses pensées, combinés avec foi d'une Certaine Façon.

Vous pouvez donc sûrement avoir dans votre maison une machine à coudre du type auquel vous avez pensé, et de même vous pouvez avoir tout ce que vous désirez à la condition que vous l'employiez à l'élargissement de votre vie et de la vie des autres.

N'hésitez pas à demander largement, « C'est le plaisir du Père », a dit le Christ, « de donner son royaume. »

La Substance Originelle n'a d'autre désir que de voir se développer en vous le plus de vie possible et que de mettre à votre disposition tout ce qui vous est nécessaire pour vivre une vie plus abondante.

Si vous « réalisez » dans votre conscient que votre désir intérieur de prospérité ne fait qu'un avec le désir de l'Omnipotence, votre foi deviendra invincible.

Nous avons vu un petit garçon assis devant un

piano et qui essayait vainement de créer une harmonie en frappant les touches. Il était triste et impatient à cause de son impuissance à jouer une vraie musique. Nous lui avons demandé la cause de son dépit et il a répondu: « Je sens la musique en moi, mais mes mains ne suivent pas mes ordres. » La musique en lui, c'était « l'urgence » de la Substance Originelle qui contient toute possibilité de toute vie; et tout ce qui est musique cherchait à s'exprimer à travers l'enfant.

La Substance Unique tente ainsi de vivre et de créer et de réjouir le monde par l'humanité. Elle dit: « Je cherche des mains pour construire des formes merveilleuses, jouer des harmonies divines, peindre des tableaux exaltés; je cherche des pieds pour faire mes longues courses, des yeux pour voir des beautés, des langues pour dire des vérités grandioses et pour chanter les chants merveilleux. »

Toute possibilité cherche son expression par l'homme. Dieu désire que tous ceux qui peuvent jouer de la musique aient des pianos ou d'autres instruments et qu'ils aient les biens nécessaires à la culture de leur talent de la manière la plus large. Que ceux qui peuvent l'apprécier aient autour d'eux la beauté. Que ceux qui peuvent discerner le vrai aient l'occasion de voyager et d'observer. Que ceux qui peuvent apprécier les beaux vêtements en reçoivent et que ceux qui peuvent apprécier la nourriture en aient en quantité suffisante.

« C'est Dieu, a dit saint Paul, qui travaille en vous à vouloir et à créer. »

Le désir que vous avez de la prospérité vient de l'infini à la recherche de son expression en vous, comme il cherchait à s'exprimer dans le petit garçon au piano.

N'hésitez donc pas, nous vous le répétons encore, à demander largement.

Votre rôle est de localiser et d'exprimer les désirs de Dieu.

Une difficulté se présente chez la plupart des gens. Ils conservent l'idée ancienne que la pauvreté et le sacrifice plaisent à Dieu. Ils regardent la pauvreté comme une partie du grand plan, comme une nécessité de la nature. Ils se persuadent que Dieu a terminé son travail « ne varietur » et que la majorité des hommes doit rester pauvre parce qu'il n'y a pas assez de bien pour tout le monde. Ils sont tellement pénétrés de cette idée qu'ils ont honte de demander la prospérité; ils sont convaincus qu'ils ne doivent pas demander plus qu'une aisance modeste et qu'il leur suffit d'avoir un minimum de confort. Non, Dieu a « terminé son travail en mettant tout à la portée de l'homme. » Tout est prêt et n'attend que la demande de l'homme.

Rappelons le cas d'un étudiant. Il s'efforçait de garder dans son esprit une image claire des choses qu'il désirait, de façon à ce que la pensée créatrice pût impressionner la Substance sans Forme. Il était pauvre et était locataire d'un petit logis dans une maison. Son travail lui procurait uniquement de quoi satisfaire ses besoins journaliers. Il ne pouvait s'habituer à l'idée que tout bien lui appartenait. Après une longue réflexion, il décida que, raisonnablement, il pouvait demander pour sa chambre un nouveau tapis et un poêle pour se chauffer durant la mauvaise saison. Il obtint en peu de temps ces deux choses. Il s'avisa alors qu'il n'avait pas demandé assez. Il imagina toutes les choses dont il aimerait s'entourer, ajoutant mentalement tantôt une fenêtre, tantôt une nouvelle pièce construite sur son plan idéal.

Ayant enfin créé l'image complète de ses désirs, il commença à vivre d'une Certaine Façon et à cheminer vers son but. Aujourd'hui, la maison lui appartient et il est en train d'effectuer les transformations qu'il avait formées par l'image mentale.

Maintenant sa foi a grandi. Il va pouvoir obtenir encore beaucoup plus. Les choses lui ont été données en proportion de sa foi.

Il en est de même pour vous, pour nous et pour tous les hommes.

CHAPITRE VII

GRATITUDE

Donc, le lecteur doit l'avoir maintenant profondément compris, le premier pas vers la prospérité consiste à imprimer par la pensée dans la Substance sans Forme l'idée de ce que l'on désire.

L'évidence de cette vérité apparaîtra bientôt. Il s'agit seulement de s'accorder d'une façon harmonieuse avec la Substance Intelligente sans Forme.

Obtenir cette harmonie est d'importance primordiale. Quelques instructions claires vous permettront, pour peu que vous consentiez à les suivre, de vous mettre en unité d'esprit certaine avec Dieu.

Le secret de cet ajustement mental et de cette unité tient en un seul mot: GRATITUDE.

Il ne s'agit donc pas seulement d'admettre que votre prospérité est une chose toute naturelle, et qu'elle vous est due. Vous devez être plein de gratitude pour le moindre bienfait que vous recevez tout comme si un trésor inattendu était soudain versé dans vos mains par un passant bienfaisant.

Si vous vous êtes entraîné à l'observance de la loi, attendez avec Foi la prospérité, mais pour chaque chose que vous recevez, faites une action de grâces. Cela gardera votre cœur dans sa fraîcheur.

Les remerciements pour les biens reçus sont, sur la terre qui doit produire, comme une pluie douce; ils rendent les récoltes meilleures.

Quand Jésus a reçu seulement un petit peu pour la multitude qui l'entoure, Il a fait une action de grâces, et ce petit peu s'est multiplié, et tous ont été rassasiés et il en est resté.

Les remerciements à Dieu n'ont pas perdu leur pouvoir depuis le temps du Christ. Faites en l'épreuve, essayez. La même puissance de multiplication réside toujours dans la louange de Dieu, dans les remerciements que nous Lui adressons pour les pouvoirs spirituels qu'Il nous accorde et qui provoquent, en accord avec Lui, la multiplication et l'abondance.

Ainsi, traversons ensemble le chemin que nous avons parcouru et voyons où il nous mène:

Premièrement, vous croyez qu'il y a une Substance Intelligente de laquelle tout provient;

Deuxièmement, vous croyez-que cette substance peut vous donner tout ce que vous désirez,

Troisièmement, vous réalisez votre unité avec elle par la gratitude profonde.

Beaucoup de personnes qui ordonnent admirablement leur vie pour tout le reste, demeurent dans la pauvreté par manque de gratitude. Ayant reçu de Dieu un don, elles coupent les fils qui les attachent à Lui en oubliant de le remercier.

Il est facile de comprendre que plus nous nous tenons approchés de la source des richesses et plus nous recevons facilement ces richesses. Il est aisé de comprendre que l'âme qui est dans un état de gratitude perpétuelle vit en relation plus étroite avec Dieu que celle qui n'est jamais tournée vers Lui dans une attitude de remerciement.

Plus nous manifestons de gratitude envers Dieu lorsque les bonnes choses viennent à nous, plus il nous arrive de bonnes choses; et plus les bonnes choses arrivent rapidement. La raison en est, insistons-y, que l'attitude de gratitude mentale met l'esprit en communication plus étroite avec la source de laquelle tout provient.

Si c'est pour vous une idée nouvelle que la gratitude rapproche notre esprit des énergies créatrices de l'Univers et les met en harmonie plus étroite avec nous, considérez cette idée attentivement; vous verrez combien elle est juste. Les bonnes choses que vous avez actuellement vous sont venues parce que vous avez obéi à certaines lois. La gratitude va conduire votre esprit sur le chemin par lequel viennent toutes choses; elle vous mettra en harmonie étroite avec la pensée créatrice et vous empêchera de tomber dans les pensées appauvrissantes de concurrence et de rivalité.

La gratitude seule est capable de vous faire embrasser Tout. Elle vous évitera de tomber dans l'erreur, de croire que les ressources auxquelles vous pouvez prendre votre part sont limitées. Cette dernière manière de penser serait fatale à tous vos espoirs.

Il y a une loi de la gratitude et il est absolument nécessaire que vous observiez cette loi si vous voulez obtenir les résultats que vous cherchez.

La loi de gratitude n'est autre que l'application de ce principe naturel: action et réaction sont toujours égales et s'exercent également dans les directions opposées.

Votre attitude de remerciement et de louange envers le Suprême libère ou dépense de la force, elle ne peut manquer d'atteindre ce à quoi elle s'adresse et la réaction de cette action est un mouvement instantané vers vous.

« Avancez vers Dieu et Dieu avancera vers vous. » C'est là une vérité psychologique.

Si votre gratitude est forte et constante, sa réaction dans la Substance sans Forme sera forte et continue. Le mouvement vers vous des choses que vous désirez s'accentuera sans cesse. Souvenez-vous de la gratitude du Christ dont l'attitude semblait toujours dire: « Père, je vous remercie de m'avoir entendu. » Vous ne pouvez pas dégager beaucoup de pouvoir sans gratitude, parce que c'est la gratitude qui vous met en contact avec le pouvoir.

Mais la valeur de la gratitude ne consiste pas seulement à obtenir des choses pour l'avenir. Sans gratitude, vous ne pouvez pas garder longtemps vos pensées du mécontentement devant les choses qui vous entourent ou la situation que vous avez.

Dès que vous laissez votre esprit considérer d'une façon mécontente les choses telles qu'elles sont, vous commencez à perdre du terrain. Vous fixez votre attention sur le mesquin, le commun, l'ordinaire, sur ce qui est pauvre ou étriqué, et votre esprit prend la forme de ces choses. Et vous transmettez ces formes ou images mentales à la Substance sans Forme; et le commun, le pauvre, le mesquin, le petit, viennent à vous.

Laisser votre esprit s'attarder sur ce qui est inférieur, c'est être inférieur, et c'est s'entourer pour le présent et le prochain avenir de choses inférieures.

Au contraire, fixer votre attention sur le mieux c'est vous entourer de mieux, c'est aller vers le mieux.

La force créatrice que nous élaborons en nous est à l'image de celle à laquelle nous donnons attention en nous-même.

N'oublions pas que nous sommes dans la Substance qui Pense et que la Substance qui Pense prend toujours pour nous les formes de nos pensées.

L'esprit plein de gratitude est constamment fixé sur le mieux, donc il a tendance à devenir le mieux; il prend le caractère ou la forme du mieux et il reçoit mieux.

La Foi est née de la gratitude. L'esprit qui a la

gratitude est toujours tourné vers les bonnes choses; il les attend; son espoir devient Foi. La réaction de la gratitude sur l'esprit produit d'elle-même ainsi la Foi, et chaque vague de remerciement augmente la Foi. Celui qui est dépourvu de sentiment de gratitude ne peut garder longtemps sa foi vivante et sans foi il ne peut créer de prospérité.

Cultivez donc l'habitude d'être reconnaissant pour chacune des bonnes choses qui vous adviennent et d'en remercier continuellement Dieu. Cela est nécessaire.

Et toutes choses doivent contribuer à votre avancement. Comprenez toutes choses dans vos pensées de gratitude.

Ne gaspillez pas votre temps.

Stigmatisez, comme vous dites, les actions des riches ou des puissants de ce monde; mais reconnaissez qu'ils vous sont utiles. N'exhalez pas de rage contre les politiciens que vous jugez corrompus. S'il n'y en avait point nous tomberions dans l'anarchie et votre sort en recevrait les contre-coups.

Dieu, par ses intermédiaires, a travaillé longtemps et patiemment, à élever la société humaine au point où elle est arrivée et Il continue inlassablement son travail pour que la situation présente soit améliorée.

Il n'y a pas le moindre doute que dès que nous pourrons nous passer de milliardaires, de magnats, de trusts, de capitaines d'industrie et de politiciens, Il les éliminera. En attendant, leur utilité est certaine.

Ne perdez pas de vue que, même lorsqu'ils vous donnent le spectacle de l'égoïsme ou de la corruption, ils ont un rôle qui leur est assigné dans la préparation et l'agencement des voies par lesquelles les richesses vous seront transmises; et vous devez avoir de la gratitude pour tout, même pour cela. Cette gratitude vous mettra en harmonie avec le « Bien en Tout » et le « Bien en Tout » viendra vers vous.

CHAPITRE VIII

COMMENT
PENSER D'UNE CERTAINE FACON

Reportez-vous au chapitre VI et lisez à nouveau l'histoire de cet homme qui s'était formé une image mentale de sa maison. Vous aurez une idée du premier pas à faire pour obtenir la prospérité. Vous devez construire en vous une image claire et définie de ce que vous désirez. Il vous est impossible de transmettre une idée si vous-même n'avez pas cette idée.

Beaucoup de gens ne réussissent pas à impressionner la Substance Pensante parce qu'ils n'ont qu'une idée vague de ce qu'ils désirent, de ce qu'ils veulent être et de ce qu'ils veulent faire.

Il n'est pas suffisant non plus d'avoir simplement le désir de voyager, de voir des choses, de vivre davantage, etc... Ce sont des désirs trop vagues, trop généraux. Tout le monde a ces idées-là. Quand vous expédiez un télégramme à un ami, vous ne lui envoyez pas les lettres de l'alphabet en lui laissant le soin de construire le télégramme lui-même; vous lui envoyez un message précis qui signifie quelque chose. Quand vous voudrez imprimer vos besoins dans la Substance, rappelez-vous que vous devez le faire au moyen d'un message cohérent. En un mot, vous devez connaître exactement l'objet de votre désir et le formuler en vous d'une façon claire.

Vous n'obtiendrez jamais d'abondance, vous ne mettrez jamais de Pouvoir créateur en action en émettant des espoirs et des désirs vagues.

Examinez vos idées, exactement comme l'homme dont l'exemple a été cité, a examiné sa maison; voyez exactement ce que vous désirez; ayez une image claire de la façon dont votre désir doit se traduire dans le visible.

Cette claire vision mentale, vous devez l'avoir continuellement dans votre esprit, comme le marin qui dirige son bateau vers un port. Il vous faut penser sans cesse, n'oubliez pas plus cela que le marin n'oublie son sextant.

Il n'est pas nécessaire de prendre des leçons de concentration ni de choisir un temps spécial pour prier et pour affirmer ce dont vous avez besoin, mais uniquement de savoir ce que vous désirez et de le désirer suffisamment pour que ce désir fasse corps avec vos pensées.

Contemplez de temps à autre au long de la

Journée, l'image que vous vous êtes formée de vous-même. Personne n'a besoin de prendre des leçons de concentration en ce qui concerne les choses qu'il désire vraiment. Si vous désirez réellement la prospérité, ce désir sera assez fort pour maintenir vos pensées dirigées dans ce sens comme le pôle magnétique dirige l'aiguille de la boussole. Si vous n'avez pas ce désir fort et précis il est inutile pour vous de suivre nos instructions.

La méthode contenue dans ce livre est destinée aux personnes qui, désirant vraiment l'abondance, ont assez de persévérance pour surmonter leur paresse mentale, pour s'affranchir de certaines de leurs aises. Elle s'adresse à ceux que la véhémence de leur désir poussera à appliquer fermement cette méthode.

L'image que vous formez en vous sera claire et définie. Plus votre pensée s'y attachera pour en faire ressortir tous les détails, plus aussi votre désir sera fort et plus vous maintiendrez facilement votre esprit sur l'image de la chose désirée.

Autre chose encore est nécessaire. Il ne suffit pas seulement de voir cette image. Si vous vous bornez à cela vous ne serez qu'un rêveur et vous n'aurez que peu ou point de force pour réaliser votre désir.

Derrière la vision claire, il doit y avoir une Foi immobile, qui voit la chose à la portée de votre main et comme vous appartenant déjà.

Si vous pensez à une maison comme celle à laquelle il a été fait allusion plus haut, vivez par l'esprit dans cette maison jusqu'à ce que la disposition des aires s'ordonne autour de vous pendant que votre pensée y est appliquée. Ayez déjà sur le plan mental la jouissance de toutes les choses que vous désirez.

Pour nous résumer:

Plus l'image que vous aurez formée sera claire et précise, plus vous penserez au même détail, et plus votre désir sera puissant. Et à mesure que votre désir s'accroîtra, vous retiendrez plus facilement dans votre esprit l'image de la chose souhaitée. Mais retenir l'image n'est pas suffisant pour amener la réalisation, il faut la volonté de la réaliser et de l'amener à sa manifestation dans le visible. Il faut au désir ajouter la Foi, c'est-à-dire la certitude que l'objet de votre désir vous appartient déjà et que pour le saisir vous n'avez qu'à étendre la main. Commencez alors à jouir mentalement et en détail de la chose désirée comme si vous en étiez déjà le possesseur et réjouissez-vous de cette possession.

Ne soyez inquiet de rien, si ce n'est d'exprimer votre gratitude à Dieu.

Considérez les choses que vous désirez comme si elles étaient continuellement autour de vous. Imaginez-vous que vous en avez le plein usage. Appuyez-vous sur cette image mentale jusqu'à ce qu'elle soit très distincte et prenez à l'égard de tout ce qui figure dans votre tableau mental, l'attitude du possesseur. Faites acte de possession en esprit comme vous le feriez en réalité. Gardez fermement cette attitude et ayez une Foi complète.

Et souvenez-vous de ce qui a déjà été dit de la gratitude: Ayez envers Dieu, durant tout le temps pendant lequel vous attendez la réalisation, *exactement la même gratitude que si la chose était déjà réalisée.*

L'homme qui a une gratitude sincère pour les choses qu'il n'a pas encore et qui remercie Dieu de ces choses a la vrai Foi ; il sera en prospérité.

Vous n'avez pas besoin de prier tout le long du jour pour obtenir les choses que vous désirez.

« Votre Père sait que vous avez besoin de

toutes les choses, avant même que vous ne les lui ayez demandées. »

Dieu a ordonné le monde de telle façon qu'il est nécessaire de demander.

Nous ne savons pourquoi, mais les choses sont ainsi.

Nous ne savons pourquoi, mais nous savons qu'il existe une Substance Universelle sur laquelle nous pouvons imprimer nos pensées et les amener à la réalisation.

Votre rôle consiste à formuler intelligiblement vos désirs touchant les choses qui vous donneront une vie plus aisée et plus ample, à ordonner vos idées d'une façon cohérente et à graver ces désirs ordonnés dans la Substance sans Forme qui a le pouvoir et la volonté de vous apporter tout ce que vous désirez.

Vous n'impressionnerez pas la Substance en répétant une longue liste de mots; vous l'impressionnerez en maintenant votre vision vers un but immuable avec une Foi inflexible.

La réponse qui sera faite à vos prières ne dépend pas de la Foi qui parle, mais de la Foi au travail.

Vous ne pouvez pas impressionner la

Substance Divine en consacrant un jour spécial de la semaine à demander à Dieu ce que vous désirez et en oubliant Dieu le reste de la semaine. Vous ne pouvez pas impressionner la Substance Divine en priant à des heures spéciales, si vous oubliez ensuite d'y penser dans l'intervalle de vos prières.

Les prières orales peuvent être bonnes pour vous parce qu'elles rendent votre vision plus claire et parce qu'elles augmentent votre Foi. Mais ce ne sont pas vos prières orales qui vous donneront ce que vous désirez. Pour obtenir la prospérité, il faut prier mentalement sans cesse, c'est-à-dire qu'il faut sans cesse maintenir sa vision devant soi, avec l'idée fixe qu'elle va se manifester sous une forme tangible et avec la certitude que cette manifestation est en train de se réaliser.

« Croyez que vous avez déjà reçu et vous obtiendrez. »

Etudiez bien de quelle façon le Christ a employé ces paroles, vous aurez ainsi la CLÉ de tout pouvoir.

Une fois que l'image est dessinée clairement dans votre esprit, tout en vous a pour pivot l'idée de recevoir. Quand vous avez formé l'image de ce que vous désirez, adressez-vous à Dieu en le priant avec gratitude. Et à partir de ce moment, gardez l'idée que la chose désirée est à vous. Toute prière ainsi faite est exaucée. Vivez dans la nouvelle maison; portez les beaux vêtements; voyez-vous dans l'automobile; combinez les voyages les meilleurs. Parlez et pensez comme si tout était déjà là. Imaginez votre décor et votre entourage comme vous les désirez; votre situation financière, telle que vous la souhaitez, vivez toujours dans cette condition imaginaire.

Ne faites pas cela comme si vous vous abandonniez à un rêve ou comme on habite les châteaux en Espagne. Ayez la Foi que l'imaginaire est en train de devenir le réel et le réel apparaîtra.

Rappelez-vous que c'est la qualité de la Foi et le comportement de l'imagination qui font la différence entre l'adepte de la science et le rêveur.

Cela étant devenu clair dans votre esprit, il vous reste à apprendre la manière de vous servir de la volonté.

CHAPITRE IX

COMMENT EMPLOYER LA VOLONTÉ

Si vous utilisez la méthode scientifique qui vous permettra d'acquérir la prospérité, vous ne devez pas essayer d'appliquer votre pouvoir de volonté à quoi que ce soit hors de vous.

Vous n'avez pas le droit de faire pression, en aucune manière, sur le libre arbitre des autres. Aucun de vous ne doit employer les procédés de pensée pour qu'autrui agisse selon vos désirs.

Il est aussi mal de chercher à influencer les autres à faire ce que vous voulez par des pensées que de chercher à faire pression sur eux par des moyens physiques. Contraindre les autres, que ce soit par la force physique ou par la force mentale, équivaut à mettre autrui en esclavage; il n'y a de différence que dans les moyens employés. Prendre par la force ce qui appartient à autrui est un vol, le prendre par des moyens d'ordre mental est aussi un vol, donc aucune différence dans le principe.

Vous n'avez même pas le droit d'user de votre pouvoir de volonté sur une autre personne pour

« son propre bien », parce que vous ne savez pas ce qui est pour son bien. N'agissez donc pas par la pensée sur autrui; il n'y a aucune nécessité de le faire et en agissant ainsi vous feriez échouer vos espoirs, car la réalisation ne dépend pas d'autrui, mais de Dieu. Au surplus, il y a toutes les chances pour que le procédé se retourne contre vous.

Vous ne devez pas non plus exercer vos forces mentales sur les objets pour obliger ceux-ci à venir à vous. Ce serait vouloir forcer la main de Dieu, ce qui n'est pas seulement une irrévérence, mais un acte inutile et fou.

Vous n'avez pas plus à forcer la libéralité de Dieu que vous n'avez besoin de vous servir de votre volonté pour que le soleil se lève.

Il est absolument inutile d'employer votre volonté comme s'il s'agissait de vaincre une déité animée de desseins hostiles, ou d'obliger des forces rebelles à favoriser vos desseins.

La Substance Pensante sans Forme est votre amie et *elle est davantage prête à vous donner que vous ne l'êtes à recevoir*.

Pour réussir, vous avez seulement besoin de vous servir de votre volonté à l'égard de vous-même.

Quand vous savez exactement ce que vous devez penser et faire, servez-vous de votre volonté pour vous obliger à penser continûment dans la même direction. C'est là un usage licite et recommandé de la volonté. N'employez cette faculté que pour vous obliger à penser et à faire les choses d'une Certaine Façon.

N'essayez pas de projeter votre volonté, vos pensées ou votre esprit dans l'espace dans le but d'agir directement sur les choses ou sur l'Univers.

Utilisez votre esprit en vous. C'est là qu'il fera la meilleure besogne.

Servez-vous de votre esprit pour former une image mentale précise et maintenez cette image vers votre but avec calme, avec Foi. Appliquez en même temps votre volonté à maintenir votre esprit dans la bonne direction, c'est-à-dire dans la voie droite.

Plus il y a de stabilité et de continuité dans votre Foi et pour votre but, mieux vous obtiendrez la prospérité, parce que vous ne faites impression sur la Substance que d'une manière positive et que vous ne neutralisez pas ou ne contrariez pas la force de votre pensée par des impressions négatives.

L'image de votre désir maintenue avec Foi vers le but, est reçue par la Substance sans Forme et Pensante et l'atteint dans tous les points de l'Univers, à n'importe quelle distance, dirions-nous, si l'on pouvait parler de distance.

Quand l'impression dans la Substance est chose faite, tout commence à concourir à la réalisation de l'idée captée, par la Substance. Chaque chose vivante, chaque chose inanimée, chaque chose non encore visible, est mise en marche pour la manifestation des choses que vous désirez. Toutes les forces font effort dans cette direction; toutes les choses désirées commencent à approcher de vous. Partout les esprits du monde sont portés à faire le nécessaire pour que vos désirs soient satisfaits et tout, inconsciemment, travaille pour vous.

Mais à toutes ces choses vous pouvez faire obstacle en impressionnant négativement la Substance sans Forme et Pensante. Le doute, le manque de Foi, produisent invariablement un mouvement dans le sens contraire à celui de la Foi et de la certitude d'atteindre le but déterminé.

C'est pour n'avoir pas compris cette vérité qu'ont échoué nombre de ceux qui se sont servi de la science mentale pour acquérir la prospérité. Chaque fois que vous laissez entrer le doute, et la peur, que vous prêtez l'oreille aux soucis, que votre âme cesse de croire, un courant contraire à vos désirs commence à se former. Tout est promis à ceux qui croient et *uniquement à ceux qui croient.* Vous n'êtes pas sans avoir remarqué avec quelle insistance le Christ appuie sur la nécessité de la Foi. Vous comprenez maintenant la raison de cette insistance.

Puisque la Foi est chose aussi importante, vous comprenez la nécessité de monter la garde autour de vos pensées. Car, votre croyance comptait pour une grande part dans le résultat de vos pensées et de vos observations, il importe que votre attention dans la pensée et dans l'observation soit guidée.

C'est ici qu'intervient le rôle de la volonté. C'est par la volonté que vous déterminerez sur quelles choses vous fixerez votre attention.

Si vous voulez la prospérité, ne vous appitoyez pas sur la pauvreté.

Les choses ne passeront pas de l'invisible dans le visible si vous pensez aux choses qui leur sont opposées. Vous n'obtiendrez jamais la santé en pensant à la maladie ou la droiture en pensant à la fausseté. De même, personne n'est devenu riche en se consacrant à l'analyse de la pauvreté.

Par la science de la maladie, les médecins ont augmenté les maladies. C'est à la science de la santé qu'il leur fallait s'appliquer. De même, ceux qui se raffinent sur la science du péché, n'ont-ils pas augmenté le péché? Et les économistes, en se livrant à l'étude de la pauvreté, n'ont-ils pas aidé à accroître la pauvreté? Ne lisez rien sur la pauvreté. Ne pensez pas au fond de vous-même à la pauvreté. Peu importe les causes de la pauvreté; ce problème ne vous regarde pas.

Ce qui vous regarde, c'est le remède à apporter à la pauvreté.

Ne passez pas votre temps dans les œuvres charitables. Toute « charité » a tendance à augmenter la misère à laquelle elle veut remédier.

Nous ne disons pas que vous devez avoir le cœur dur ou refuser l'appel des nécessiteux, mais n'essayez pas de porter remède à leur état par les méthodes conventionnelles. Mettez la pauvreté et tout ce qui s'y rapporte derrière vous, et obtenez la prospérité.

La meilleure façon que vous ayez d'aider les pauvres, c'est de cesser d'être vous-même un pauvre.

Et vous ne pouvez conserver continûment en vous l'image mentale qui vous mènera à l'abondance si vous emplissez votre esprit des images de la pauvreté. Ecartez de vous les livres et les journaux qui donnent le récit détaillé des faits divers, de la misère, des drames, de la pauvreté, des horreurs du travail imposé à l'enfance. Ne lisez rien, en ce moment, qui puisse emplir votre esprit d'images de tristesse et de souffrance.

Vous ne pouvez pas aider les pauvres par la simple connaissance de leurs maux. La diffusion par les journaux, de toutes ces laideurs, ne diminue pas d'une unité le nombre des pauvres; au contraire, ce qui aide les pauvres ce n'est pas que vous ayez dans votre esprit les images de la pauvreté, c'est qu'on mette dans l'esprit des pauvres les images de l'abondance.

En vérité, vous ne désertez pas la cause des pauvres quand vous refusez d'emplir votre esprit avec les images de leurs misères.

La pauvreté ne sera pas supprimée par l'augmentation du nombre des gens aisés qui pensent à la pauvreté, mais par l'augmentation du nombre de pauvres qui se proposent, avec Foi, d'obtenir la prospérité.

Les pauvres n'ont pas besoin qu'on leur fasse la charité: ils ont besoin d'inspiration. La charité qui consiste à leur donner du pain les soutiendra pendant quelques heures, puis ils retomberont dans leur misère. L'inspiration, au contraire, les aidera à sortir de leur misère. Si vous voulez vraiment les aider, démontrez-leur qu'ils peuvent devenir riches et faites-en la preuve en vous sortant de la pauvreté.

La seule manière efficace de bannir du monde la misère et la pauvreté est d'accroître sans cesse le nombre de gens qui pratiquent l'enseignement continu de ce livre.

On doit enseigner aux hommes la façon de sortir de la pauvreté, non par la compétition, mais par la création de richesses nouvelles.

Celui qui devient riche par la méthode de rivalité abat derrière lui l'échelle par laquelle il monte et il jette en même temps par terre ceux qui se tenaient derrière lui sur les échelons. Par contre, celui qui devient riche, en créant la richesse ouvre la porte à des milliers d'autres et leur donne l'inspiration de le suivre.

Vous ne manifestez pas de l'endurcissement

ou de l'insensibilité quand vous refusez de vous apitoyer sur la pauvreté ou de lui consacrer vos pensées ou vos conversations.

Evitez de lire, de voir, d'entendre quoi que ce soit qui se rapporte à la pauvreté. Servez-vous de votre volonté pour éloigner votre esprit des sujets qui lui sont contraires, et pour le maintenir, avec la Foi dans l'atteinte du but, sur les choses que vous désirez.

CHAPITRE X

COMMENT
AGIR D'UNE CERTAINE FAÇON

Vous ne pouvez retenir en vous une vision vraie et claire de la prospérité - nous venons de vous le dire - si vous appliquez sans cesse votre attention à des tableaux opposés, qu'ils soient réels ou imaginaires.

Ne dites à personne vos soucis d'ordre matériel, si vous en avez ou si vous en avez eu. Ne pensez jamais à ces choses. Ne parlez pas de la pauvreté de vos parents, ni des difficultés de votre jeune âge. En laissant votre esprit s'attarder à ces causes de mécontentement, *vous vous classez mentalement parmi les mécontents et les pauvres* et vous empêchez les choses agréables de s'orienter dans votre direction.

« Laissez les morts enterrer les morts », a dit le Christ.

Chassez loin de vous les livres et les périodiques qui vous disent que le monde est à sa fin. Ecartez les philosophies pessimistes qui prétendent que l'humanité court à la catastrophe.

Le monde n'est pas sur le chemin du Mal; il est meilleur sur le chemin de Dieu et marche constamment vers Dieu. Nous nous dirigeons vers un avenir radieux. Nous sommes devant un devenir meilleur.

Sans doute existe-t-il encore nombre de choses peu agréables. Pourquoi s'appesantir sur elles, alors qu'elles sont en voie de disparaître? Cela n'a d'autre effet que de vous prédisposer aux échecs et de maintenir près de vous les mauvaises choses. Pourquoi gaspiller votre temps ou votre attention à observer ces choses qui sont en état d'évolution, alors que vous pouvez provoquer leur disparition en laissant cette évolution se faire toute seule.

Quelles que soient les apparences de misère ou d'horreur qui puissent vous frapper dans certains lieux ou certains pays, vous perdez votre temps et vous diminuez vos chances si vous vous penchez sur elles.

Vous devez vous intéresser personnellement à l'avenir de la richesse dans le monde.

Pensez aux richesses que les hommes vont recevoir au lieu de penser à la pauvreté qu'ils laissent derrière eux. Rappelez-vous toujours que la seule façon d'aider la collectivité, est de devenir riche soi-même par la méthode créatrice; et non, répétons-le encore, par les méthodes de concurrence et de rivalité.

Donnez toute votre attention à l'abondance. Ignorez la pauvreté.

Quand vous pensez à ceux qui sont pauvres, quand vous parlez d'eux, pensez-y et parlez-en comme des êtres qui sont en dehors de la lutte matérielle pour l'existence. Ne les accablez pas de votre pitié. Tenez-vous à l'abri des rivalités. Libérez-vous de leur influence. Ne craignez pas de penser à créer de la prospérité. L'amour est plus vivant lorsqu'il peut s'entourer d'aisance et de raffinement.

Ne craignez pas de considérer la prospérité comme un état noble et grand. Chassez de vous tout ce qui peut combattre ou vous cacher votre vision. Il ne s'agit point pour vous d'établir votre pouvoir sur d'autres hommes, ce qui est la voie de la compétition, mais d'avoir en vous un esprit créateur.

Ne vous laissez arrêter par aucune fausse considération dans votre marche vers une vie large. Allez en avant, toujours en avant vers le bonheur le plus complet.

La vérité est qu'il n'existe pas de pauvreté

sinon celle que l'homme se crée. Il n'y a que l'abondance.

Beaucoup de gens demeurent dans la pauvreté parce qu'ils ignorent qu'il existe pour eux une richesse. La meilleure façon de leur inculquer cette vérité, c'est de la démontrer par vous-même, dans votre personne, dans les résultats que vous obtenez.

Certains restent pauvres parce que, bien qu'ayant le sentiment qu'il est possible de sortir de la pauvreté, ils sont naturellement trop indolents pour faire l'effort mental nécessaire. La meilleure façon de les stimuler est de leur montrer le chemin du bonheur matériel en acquérant, par la bonne manière, la prospérité.

D'autres sont pauvres, parce que malgré des notions de cette science de la prospérité, ils sont perdus dans un labyrinthe de théories et ne savent plus comment se diriger. Ils essaient beaucoup de systèmes et échouent avec tous.

Pour ceux-là aussi, le meilleur service à leur rendre est de leur proposer, par votre propre exemple, le droit chemin. Vingt-cinq grammes d'actions valent mieux qu'un kilo de théories.

Ce que vous pouvez faire de meilleur pour autrui, c'est de faire le plus possible pour vous mêmes. Nous ne le repéterons pas trop.

Vous ne pouvez servir Dieu et les autres hommes plus efficacement qu'en montrant par vous-même la puissance de la méthode créatrice.

Ce livre contient les principes universels de la science réelle de l'Abondance. Vous n'avez par suite nul besoin de lire autre chose sur ce sujet.

Cette affirmation, vous l'avez compris, n'est pas dictée par un mobile étroit et égoïste. Mais considérez qu'il n'y a pas en arithmétique d'autres opérations à apprendre que l'addition, la soustraction, la multiplication, la division, et qu'aucune autre méthode que celles qui sont enseignées aux écoliers n'est possible pour faire une addition. Il ne peut y avoir, entre deux points, de distance plus courte que la ligne droite. De même, *il n'y a qu'une façon de penser efficacement* et qu'une façon de prendre au plus court pour aller d'un point à un autre. Personne n'a formulé pour cela de système plus net et moins compliqué que celui qui est exposé dans ce livre. Quand vous aurez commencé à vous imprégner de cette méthode, vous pourrez laisser toutes les autres de côté. Ne permettez surtout à aucune théorie de s'introduire dans votre esprit.

Lisez ce livre tous les jours. Gardez~le près de vous. Apprenez par cœur et ne pensez plus à aucun autre système, à aucune autre théorie. Si vous suiviez d'autres enseignements, vous commenceriez à avoir des doutes, à être vacillant dans vos pensées et vous enregistreriez des échecs.

Lorsque vous aurez atteint la prospérité, vous pourrez étudier impunément les autres livres. Mais jusque-là, et tant que vous n'aurez pas réalisé complètement vos désirs, ne lisez rien d'autre sur le même sujet.

D'une manière générale, ne lisez, même dans les journaux, que les choses qui sont en harmonie avec les images mentales que vous vous êtes formées. Ne lisez que les choses conformes à l'optimisme.

Ne vous livrez pas aux recherches occultes. Ne feuilletez pas les ouvrages de psychisme. Si vous mêlez les courants occultes aux affaires de votre vie matérielle, des ondes dont vous ne serez pas maître, ne tarderont pas à anéantir vos espoirs.

Répétez-vous ceci:

IL Y A UNE SUBSTANCE QUI PENSE, DE LAQUELLE TOUTES CHOSES SONT FAITES ET

QUI, DANS SON PRINCIPE, PÉNÈTRE ET EMPLIT TOUT L'ESPACE DE L' UNIVERS.

Une pensée imprégnant cette Substance réalise sa propre image. On peut former les choses par la pensée, par l'élaboration d'une claire image mentale conduite avec Foi vers sa réalisation. Ne vous écartez pas de cette vérité, n'y ajoutez rien. Et agissez conformément aux lois du monde.

Ainsi par les pensées vous pouvez amener l'or qui est dans la montagne à se diriger vers vous. Mais cet or ne s'extraira pas de la mine, ne se raffinera pas, ne se frappera pas lui-même en pièces de monnaie et ne roulera pas tout seul par les routes jusqu'à vous.

Mais sous l'impulsion toute puissante de l'Esprit Suprême, les affaires humaines seront ordonnées de telle façon que quelqu'un sera amené à prospecter et à briser le quartz pour vous. Les choses se combineront de telle manière que l'or s'acheminera vers vous par des voies naturelles et vous n'aurez qu'à vous préparer à le recevoir quand il arrivera.

Vos pensées ayant créé l'objet de vos désirs, et ayant travaillé à vous l'apporter, votre activité personnelle devra être ordonnée normalement, de façon à vous permettre de le recevoir dignement quand ce que vous avez voulu vous parviendra.

Ne prenez donc pas le bien qui vous arrive comme une charité, ni comme le produit d'un vol. Considérez que vous avez agi et obtenu selon les voies normales, c'est-à-dire en formant en vous une image claire et distincte, en maintenant fermement en vous cette image, en la considérant comme réalisée, en y joignant la Foi de la gratitude, et gardez simplement l'attitude de l'homme dont le désir a été exaucé.

N'essayez donc pas de projeter vos pensées de façon mystérieuse ou par des voies occultes. Ce serait pour vous un effort inutile et qui affaiblirait votre pouvoir de penser sainement et efficacement.

Vous savez que la Substance sans Forme a le même désir que vous d'exprimer davantage de vie en tous points, d'ajouter d'autres actions à son action. Laissez donc travailler pour vous les forces créatrices par les voies naturelles.

Vous n'avez pas à guider ou à contrôler le procédé créateur. Votre unique rôle est de maintenir ferme votre vision, votre but, avec Foi et gratitude.

Mais il faut, disons-nous, que vous connaissiez la manière de prendre possession de l'objet de votre désir lorsqu'il arrivera jusqu'à vous.

Il est, en effet, nécessaire que vous alliez à la rencontre des choses créées par votre vision mentale afin de pouvoir leur faire, quand elles se manifesteront, la place la meilleure. N'attendez pas, pour agir, que le milieu ou l'atmosphère change autour de vous. Agissez. C'est en agissant que vous obtiendrez un changement de l'atmosphère.

Gardez la Foi; placez-vous par la vision dans un meilleur milieu, mais agissez sur le présent avec tout votre cœur, tout votre esprit et tout ce que vous vous connaissez de pouvoir.

Ne perdez pas de temps à bâtir des châteaux en Espagne. Tenez-vous en à la seule vision de ce que vous désirez vraiment et agissez MAINTENANT.

Ne cherchez ni à droite ni à gauche; n'essayez pas de faire quelque chose d'extraordinaire, d'étrange ou de remarquable en guise de premier pas vers la prospérité. Vos actions, pendant quelque temps, ressembleront probablement à celles que vous avez déjà faites. Mais à présent, faites ces mêmes actions d'une Certaine Façon, qui doit, en toute certitude vous conduire à la prospérité.

Si vous êtes engagé dans une affaire, qui ne semble pas être faite pour vous, n'attendez pas pour agir d'être engagé dans une bonne place.

Ne soyez pas découragé et ne vous lamentez pas parce que vous êtes, dans un mauvais emploi. Aucun homme n'est si mal placé qu'il ne puisse trouver la place qui lui convient. Aucun homme n'est engagé dans une si mauvaise affaire qu'il ne puisse en trouver une meilleure pour lui.

Gardez, en vous-même, la vision de la bonne affaire avec la conviction que vous y êtes déjà et la Foi que vous arriverez. Mais, dès à présent, dans votre situation actuelle, agissez. Servez-vous de l'occupation que vous avez pour accéder à l'occupation que vous désirez. Servez-vous de votre milieu actuel comme d'un moyen d'arriver à un milieu supérieur. La vision mentale de l'emploi qui vous convient, maintenue avec foi dans la voie de la réalisation, amènera le SUPRÊME, par la voie de la Substance d'en haut, à diriger vers vous la bonne situation, et votre action personnelle vous incitera vous-même à vous diriger vous-même vers cette affaire ou cette situation.

Si vous êtes employé ou ouvrier, et si vous sentez que vous devez changer de place pour avoir ce que vous désirez, ne vous contentez pas de faire des projets dans l'espace et d'attendre qu'une nouvelle place se présente. Vraisemblablement elle ne se présentera pas.

Ayez en vous la ferme vision de la situation que vous désirez. Imaginez-vous vous-même occupant déjà cette situation, et vous l'obtiendrez certainement si elle n'est pas occupée par un autre, c'est-à-dire si elle n'appartient pas à un autre.

Votre vision mentale et votre Foi mettront la force créatrice en mouvement dans votre direction pendant que votre action personnelle vous dirigera et dirigera les choses autour de vous, vers la place souhaitée.

Complétons donc comme suit les règles précédentes de la création par l'esprit.

IL Y A UNE SUBSTANCE ORIGINELLE PENSANTE DE LAQUELLE SONT FORMÉS TOUS LES OBJETS ET QUI, DANS SON ÉTAT PREMIER, EST PARTOUT, DANS TOUT ET ENTRE TOUT.

UNE PENSÉE INTRODUITE DANS LADITE SUBSTANCE PRODUIT LA CHOSE QUI EST

IMAGINÉE PAR CETTE PENSÉE.

L'HOMME PEUT FORMER LES CHOSES DANS SA PENSÉE ET, EN IMPRIMANT SA PENSÉE DANS LA SUBSTANCE QUI N'A PAS DE FORME, IL PEUT AMENER LA CHOSE QU'IL PENSE À SE MANIFESTER.

POUR RECEVOIR CE QU'IL DÉSIRE, LORSQUE CE QU'IL DÉSIRE ARRIVERA, L'HOMME DOIT AGIR MAINTENANT SUR LES GENS ET LES CHOSES DE SON MILIEU.

Quand les choses vous arriveront, elles seront dans les mains d'autres hommes, qui vous en demanderont l'équivalent. A vous alors de donner à ces hommes ce qui est leur bien, en échange de ce qui est le vôtre.

Votre porte-monnaie ne sera pas changé instantanément en portefeuille bien garni sans un effort correspondant de votre part.

Et là est le point crucial de l'art de l'Abondance par les pensées, c'est-à-dire le moment précis où les pensées et l'action personnelle doivent être combinées. Il y a beaucoup de gens qui, consciemment ou inconsciemment, réussissent par la vigueur et la persévérance de leurs désirs, à mettre les forces en action et qui, cependant, restent pauvres parce qu'ils ne sont pas préparés à recevoir les choses quand elles viennent.

C'est par les pensées que l'objet désiré vous est apporté. *C'est par l'action que vous le recevrez.*

Quelle que doive être la nature de votre action, il est évident que c'est maintenant qu'il faut agir. Vous ne pouvez pas agir dans le passé, et même il est nécessaire que vous extirpiez le passé de votre esprit pour avoir la clarté de votre vision mentale. Vous ne pouvez pas agir dans le futur puisque le futur n'est pas arrivé. Au surplus comment sauriez vous agir dans le futur avant que les circonstances du futur vous soient connues. Si vous agissez dans le présent en appliquant votre esprit sur le futur, votre action présente sera difficile et sans efficacité.

Mettez votre esprit entier sur l'action présente.

Vous avez transmis vos impulsions créatrices à la Substance Originelle. Ne vous contentez pas maintenant de vous croiser les bras en attendant les résultats. Si vous faites ainsi, vous n'obtiendrez jamais rien. *Agissez maintenant.* Il n'y a pas d'autre temps que le présent. Si vous devez jamais commencer à vous tenir prêt à recevoir ce que vous désirez, il faut commencer maintenant.

Et votre action, quelle qu'elle soit s'exercera probablement dans votre emploi actuel sur le monde et les objets de votre entourage immédiat.

Vous ne pouvez agir où vous n'êtes pas. Vous ne pouvez agir où vous étiez. Vous ne pouvez agir où vous serez; mais seulement où vous êtes maintenant.

Ne vous tourmentez pas de savoir si le travail d'hier était bien ou mal fait. Faites bien votre travail d'aujourd'hui.

N'essayez pas de faire maintenant votre travail de demain. Vous aurez le temps d'y penser; quand vous serez à pied-d'œuvre.

CHAPITRE XI

L'ACTION EFFICACE

Donc commencez à faire tout ce que vous pouvez, là où vous êtes.

Vous ne pouvez avancer qu'en étant supérieur à vos occupations présentes. Or, aucun homme n'est supérieur à sa place s'il néglige un seul des devoirs qui sont inhérents à cette fonction.

Le monde n'avance que par ceux qui remplissent leur fonction avec exactitude, et même en les dépassant.

Si un homme ne remplit pas la place où il est, tout ira en arrière. Ceux qui ne remplissent pas leur place sont les poids morts de la société, que ce soit au gouvernement, dans le commerce ou dans l'industrie. Ils sont pour les autres la cause de dépenses énormes. Ils retardent le progrès mondial. Car ils appartiennent à une époque dépassée, à un stade inférieur, et ils sont une cause de dégénérescence. Aucune société ne pourrait progresser si chaque homme était inférieur à la place qu'il occupe. L'évolution sociale est guidée par la loi de l'évolution physique et mentale. Dans le monde animal, l'évolution est créée par un excès de vie.

Quand un organisme a plus de vie qu'il ne peut en exprimer dans son espèce, une nouvelle espèce vient à naître.

Nous n'aurions jamais eu de nouvelles espèces s'il n'y avait pas eu d'organisme qui déborde leurs fonctions. La loi est exactement la même pour vous. Atteindre la prospérité dépend de l'application d'un semblable surplus de vie qui déborde vos affaires présentes.

Chaque jour est marqué soit d'un succès, soit d'un échec. Ce sont les jours de succès qui vous donnent ce que vous désirez. Si chaque jour est pour vous un jour d'échec, vous n'atteindrez jamais la prospérité; si chaque jour est pour vous un jour de succès, inévitablement vous y parviendrez.

S'il y a quelque chose que vous puissiez faire aujourd'hui, et que vous ne le fassiez pas, vous commettez une faute. Et les conséquences peuvent en être plus graves pour vous que vous ne le croyez.

Vous ne pouvez pas voir les résultats des plus petits faits que vous créez. Vous ne vous doutez pas du jeu de toutes les forces qui sont mises en mouvement à votre profit. De grandes conséquences naissent parfois d'actes très simples. Celui-ci peut créer la circonstance précise qui ouvrira votre porte à des possibilités illimitées. Vous ne pouvez jamais savoir toutes les combinaisons que l'Intelligence Suprême échafaude pour vous dans le monde des choses et des affaires humaines. Votre négligence ou votre insuccès dans l'accomplissement des tâches présentes entraînera peut-être un long retard dans votre réussite.

Faites chaque jour *tout* ce qui peut être fait ce jour là.

Il y a certes, une limite, mais vous vous en rendrez compte vous-même.

Vous n'êtes pas un être surhumain, il ne vous est pas demandé ni de vous dépenser aveuglément ni de vous affairer à accomplir un nombre extraordinaire d'actions dans le moindre temps.

Ne faites pas aujourd'hui le travail de demain, ne faites pas non plus le travail d'une semaine en un jour.

Ce n'est pas le nombre de choses que nous faisons qui compte, mais l'efficacité de chaque chose que nous avons faite séparément.

Chaque acte est, en lui-même, soit un succès,

soit un insuccès.

Chaque acte est soit efficace, soit inefficace.

Chaque acte inefficace est un insuccès et si vous passez votre vie à agir de façon inefficace, votre vie entière sera une faillite.

Si ce que vous faites est mal fait, plus vous faites de choses et plus cela va mal pour vous.

Si, au contraire, chaque action efficace est un succès, et si chaque acte de votre vie est efficace, toute votre vie sera NÉCESSAIREMENT un succès.

La cause de l'insuccès, c'est de faire trop de choses inefficaces et pas assez de choses efficaces ?

Cela se démontre de soi-même. Cela est évident. Par beaucoup d'actions efficaces vous atteindrez à la prospérité et si chacune de vos actions est un acte efficace, le résultat est plus évident encore.

Toute la question est donc pour vous de savoir si vous pouvez faire de chacun de vos actes isolés, un succès. Or, cela est tout à fait possible.

Vous pouvez faire de chaque acte un succès parce que TOUTE PUISSANCE travaille avec vous et que la TOUTE PUISSANCE ne peut pas faire faillite. La PUISSANCE d'en haut est à votre service et pour rendre vos actions efficaces, vous n'avez qu'à mettre la PUISSANCE dans chacune d'elles.

Chacun de vos actes est soit fort, soit faible.

Quand l'un de vos actes est fort, vous travaillez d'une Certaine Façon à atteindre la prospérité.

Chacun de vos actes peut être fort et efficace si vous maintenez votre vision mentale pendant le temps que vous accomplissez cet acte et si vous mettez en chacun d'eux la force entière de votre Foi et de votre certitude dans le but.

C'est à ce point de l'opération que la plupart des gens échouent parce qu'ils séparent les pouvoirs mentaux de l'action personnelle. Ils se servent de la force de l'esprit dans certains lieux et dans certaines circonstances et, dans d'autres lieux et dans certaines circonstances ils agissent à leur guise.

Ainsi leurs actes ne sont pas productifs de succès parce que trop d'entre eux sont inefficaces.

En revanche, si TOUTE PUISSANCE est dans chacun de vos actes, même lorsqu'il s'agit de choses ordinaires, chacun de vos actes sera en lui-même un succès et, comme il est de règle, chaque succès ouvrira le chemin à d'autres succès, de sorte que votre progression vers les choses que vous désirez et la progression de ces choses vers vous s'effectuera à une cadence de plus en plus rapide.

Rappelez-vous que les actions heureuses s'accroissent au carré. Et quand l'impulsion vers une vie plus large est mise en toute chose, un nombre toujours plus grand de choses s'attachent à l'individu et les résultats qu'il obtient semblent se multiplier par eux-mêmes.

Faites chaque jour ce que vous pouvez faire ce jour-là et accomplissez chaque acte d'une manière efficace.

Quand nous disons que vous devez maintenir votre vision mentale pendant l'accomplissement de chaque acte même le plus insignifiant, nous ne voulons pas dire qu'il est nécessaire, à tous les moments, de voir d'une manière distincte le détail de chaque vision. Mais dans vos heures de détente, appliquez votre imagination sur les détails de votre vision, contemplez celle-ci mentalement jusqu'à ce qu'elle soit fixée dans votre mémoire.

Si vous désirez obtenir des résultats très rapides, consacrez à vos pensées presque tout le temps de vos loisirs.

Par cette contemplation continuelle, vous développerez le tableau de ce que vous désirez et il sera si fermement fixé dans votre esprit, si complètement imprimé dans la Substance sans Forme, que dans vos heures de travail, vous n'aurez qu'à vous mettre dans votre vision mentale pour stimuler votre Foi et votre gratitude et pour provoquer la récompense de vos efforts.

Contemplez intensément votre tableau mental durant vos heures de repos, jusqu'à ce que votre conscient en soit si rempli qu'il vous soit possible de vous y reporter instantanément. Vous serez alors dans un état tel d'effervescence intérieure que la moindre de vos pensées réveillera les énergies les plus pensantes de votre être tout entier.

Répétons une fois encore la charte de l'esprit créateur:

IL Y A UNE SUBSTANCE ORIGINELLE PENSANTE DE LAQUELLE SONT FORMÉS TOUS LES OBJETS ET QUI, DANS SON ÉTAT PREMIER, EST PARTOUT, DANS TOUT ET ENTRE TOUT.

UNE PENSÉE INTRODUITE DANS LADITE SUBSTANCE PRODUIT LA CHOSE QUI EST IMAGINÉE PAR CETTE PENSÉE.

L'HOMME PEUT FORMER LES CHOSES DANS

SA PENSÉE ET EN IMPRIMANT SA PENSÉE DANS LA SUBSTANCE QUI N'A PAS DE FORME, IL PEUT AMENER LA CHOSE QU'IL PENSE À SE MANIFESTER.

POUR RECEVOIR CE QU'IL DÉSIRE LORSQUE CE QU'IL DÉSIRE ARRIVERA, L'HOMME DOIT AGIR MAINTENANT SUR LES GENS ET LES CHOSES DE SON MILIEU.

Pour arriver à cela, il faut passer de l'esprit de compétition à l'esprit de création. Il faut se former un tableau mental clair des choses que l'on désire, et faire avec Foi et ferme propos tout ce qui peut être fait chaque jour, en accomplissant séparément chaque chose d'une manière efficace.

CHAPITRE XII

COMMENT S'ENGAGER
DANS L'AFFAIRE QUI CONVIENT

Dans n'importe quel genre d'affaires, le succès dépend, bien entendu, d'une aptitude, de possibilités de développement de cette aptitude à ce genre d'affaires.

Sans aptitude musicale, personne ne peut faire sa carrière dans la musique; sans aptitude mécanique, personne ne réussira dans la mécanique; ni, sans aptitude commerciale, personne dans le négoce.

Mais la possession d'une de ces facultés ne confère pas nécessairement à elle seule la certitude de la prospérité.

Des musiciens qui ont un talent remarquable restent pauvres. Des garagistes qui sont de bons mécaniciens ne deviennent jamais riches. Des marchands ont l'art de faire des marchés et pourtant ne réussissent pas.

Les facultés ne sont que des outils. Il est essentiel d'avoir de bons outils, mais il est essentiel aussi que ces outils soient employés d'une

Certaine Façon.

Tel homme avec une scie, un marteau, un rabot, construira un immeuble splendide. Avec les mêmes outils, tel autre fabriquera une horreur. Le premier sait se servir de ses outils; l'autre, non.

Il ne suffit donc pas d'avoir des outils, (nous voulons dire des facultés) mais aussi de savoir s'en servir.

Certes, vous réussirez mieux dans une affaire qui est en rapport avec votre genre d'aptitudes; c'est l'affaire pour laquelle vous êtes le mieux préparé; mais il y a à cela des limites. Aucun homme, en effet, ne devrait considérer sa vocation comme unique et irrévocable, aucun homme ne devrait se considérer comme irrémédiablement déterminé dans son activité dès le berceau.

Vous pouvez acquérir la prospérité dans n'importe quelle sorte de choses pour cette raison que si, pour tel ou tel métier, vous n'avez pas d'aptitudes assez développées, vous pouvez développer ces aptitudes. Toute la différence sera que vous serez obligé de forger vos outils en marchant au lieu de vous borner à utiliser ceux avec lesquels vous êtes né.

Il vous sera PLUS FACILE d'avancer dans une

carrière pour laquelle vos talents sont déjà naturellement développés, mais vous POUVEZ avancer dans n'importe quelle autre carrière parce qu'il vous est toujours loisible de développer les autres embryons d'aptitudes qui sont en vous. Il n'y a pas un homme qui n'ait en lui des embryons de toutes les aptitudes.

Vous réussirez plus facilement, avec moins d'efforts, si vous faites les choses pour lesquelles vous êtes doué. Vous réussirez aussi et d'une manière plus satisfaisante encore si vous faites les choses que vous avez le plus envie de faire.

Faites donc, dans la vie ce que vous désirez faire, parce qu'il n'y aura pour vous de satisfaction réelle tant que vous serez obligé de faire des choses que vous ne sauriez pas aimer et sans jamais faire les choses que vous aimez. Considérez qu'il est absolument certain que vous pouvez faire ce que vous avez envie de faire, car le désir que vous avez de faire quelque chose est certainement la preuve que vous avez au-dedans de vous le pouvoir nécessaire pour accomplir cette chose.

Le désir est une manifestation du pouvoir.

Le désir de jouer de la musique est la manifestation du pouvoir musical qui cherche le moyen de s'exprimer. Le désir de faire des inventions ou, pour parler plus exactement, des découvertes mécaniques, est la manifestation d'une aptitude pour la mécanique et qui cherche à se développer.

Quand il n'y a aucun pouvoir, développé ou non, de faire une chose, il n'y a jamais le désir de faire cette chose. Au contraire, répétons-le, où il y a un désir puissant, il y a un puissant pouvoir de réalisation qui n'a besoin que d'être appliqué de la BONNE MANIÈRE.

Toutes choses égales, insistons-y, il vaut mieux choisir la carrière pour laquelle on a le talent le plus développé. Mais si vous avez un vif désir de vous engager dans une autre voie, c'est votre droit et votre vocation aussi de suivre la voie qui vous paraît la plus agréable.

Vous n'êtes pas obligé de faire les choses que vous n'aimez pas, et vous ne devez pas les faire, si ce n'est comme moyen de réaliser les choses que vous désirez.

Si, par erreur, vous avez été placé dans une situation ou dans un métier qui vous déplaise, peut-être serez-vous obligé de continuer à occuper cette situation ou à suivre ce métier pendant quelque temps. Mais vous pouvez vous rendre agréable cette chose déplaisante en la considérant comme un premier pas vers les choses que vous désirez.

Si vous avez l'impression que vous n'êtes pas dans l'emploi qui vous convient, ne vous décidez pas trop vite à vous engager dans un autre. La meilleure manière de changer de situation ou de milieu, c'est par évolution, comme par « croissance », dirions-nous.

Qu'une occasion soudaine se présente, ne craignez pas d'accomplir un changement rapide et radical si vous croyez, après examen, que l'occasion est celle qui vous convient. Mais si vous avez un doute sur la sagesse de votre décision, ne prenez pas trop rapidement cette décision radicale.

Sur le plan créateur, il n'y a jamais besoin de se hâter, car jamais l'occasion ne fait défaut. Dès que vous aurez abandonné l'esprit de rivalité, vous vous rendrez compte qu'il n'est jamais nécessaire de faire des actes impulsifs. Personne n'arrivera à faire avant vous les choses que vous désirez vraiment faire. Il y en a largement assez pour tous. Si une place est prise par un autre, une autre place meilleure vous attend un peu plus loin.

Si, au moment de décider, vous avez des doutes, attendez. Reportez-vous à votre vision mentale, augmentez votre foi en votre but. Et surtout, dans ces moments de doute ou d'indécision, exprimez au pouvoir d'en haut votre gratitude.

Un jour ou deux, passés à contempler la vision mentale de ce que vous désirez et à remercier pour ce que vous allez recevoir, mettront votre esprit en relation tellement étroite, en telle union avec le Pouvoir d'en haut, que vous ne commettrez pas d'erreur lorsque le moment sera venu pour vous d'agir.

Il y a là-haut un Esprit qui sait tout ce qu'il y a à savoir. Et par la Foi vous pouvez vous mettre en contact étroit avec Lui et ainsi avancer dans la vie si votre gratitude est profonde.

Les erreurs proviennent de ce qu'on agit trop vite ou de ce qu'on agit par peur ou par doute, ou de ce qu'on oublie le But véritable qui est davantage de vie pour tous et pour chacun.

En avançant d'une CERTAINE FAÇON, vous rencontrerez les occasions en nombre croissant. Alors vous aurez besoin d'être bien équilibré dans votre foi et dans votre dessein en restant en relation étroite par la gratitude avec l'Esprit

Suprême.

Accomplissez chaque jour d'une façon aussi parfaite que possible tout ce que vous pouvez accomplir, mais sans hâte ni souci, ni peur. Marchez aussi vite que vous le pourrez, mais sans précipitation.

Rappelez-vous que dès que vous commencez à forcer les choses, vous cessez d'être un créateur pour devenir un concurrent et que vous retombez ainsi dans le plan ancien.

Quand vous êtes impatient d'atteindre votre but, mettez votre attention sur l'image mentale des choses que vous désirez et remerciez l'Esprit d'en haut pour tout ce que vous êtes en train de recevoir. L'exercice combiné de la représentation mentale et de la gratitude ne manquera jamais de renforcer votre Foi en votre but ni, par conséquent, d'accroître son efficacité.

CHAPITRE XIII

L'IMPRESSION D'ACCROISSEMENT

Que vous deviez changer ou non de direction, votre action doit s'exercer sur vos occupations présentes.

Vous pouvez entrer dans la voie que vous souhaitez en agissant d'une manière constructive dans celle où vous êtes déjà engagé et en accomplissant le travail journalier d'une Certaine Manière.

Quelle que soit la façon dont votre action s'exerce à l'égard des autres hommes, que ce soit par lettre ou par contact personnel, la pensée-mère de tous vos efforts doit être de donner l'impression de votre accroissement.

L'accroissement est ce que tous les hommes et toutes les femmes cherchent. C'est l'impulsion intérieure de l'Intelligence sans Forme qui cherche, à travers les hommes, son expression la plus ample.

Le désir de croître est inné dans toute la nature.

Il est l'impulsion fondamentale de l'Univers.

Toutes les activités humaines sont fondées sur lui: l'humanité réclame sans cesse davantage de nourriture, de vêtements, d'abris, de beauté, de connaissance, de luxe, de plaisir, d'accroissement de la vie.

Tout ce qui vit est sous l'empire de cette nécessité continuelle d'avancer et de croître, faute de quoi l'accroissement de vie s'arrêterait et aussitôt la dissolution et la mort commenceraient.

L'homme sait instinctivement cela et c'est pourquoi, instinctivement, il cherche à croître de plus en plus. Cette loi d'augmentation continue est expressément rappelée par le Christ dans la parabole des talents: A ceux qui ont beaucoup, il sera beaucoup retenu, à ceux qui n'ont rien, il sera pris même ce qu'ils ne semblent pas avoir.

Le désir normal d'accroître sa prospérité n'est point un mal ni une chose répréhensible, c'est seulement le désir d'une vie plus abondante; c'est une inspiration.

Et parce que cette inspiration procède de l'instinct le plus profond de la nature, tous les hommes et toutes les femmes sont attirés vers ce qui peut leur donner les moyens d'une vie accrue.

En vous y prenant d'une Certaine Manière, (Certaine Manière que nous avons indiquée plus haut) vous avez dès maintenant, commencé pour vous-même ou pour les autres, cet accroissement et vous avez simultanément commencé à le procurer à tous ceux qui sont maintenant en contact avec vous.

Vous devenez le centre créateur d'où l'accroissement vital rayonne vers tous.

Soyez certain de cela, donnez-en l'inspiration à chaque homme, femme ou enfant avec lequel vous êtes en rapport. En effectuant n'importe quelle petite transaction, fût-ce en vendant un bonbon à un enfant, mettez dans votre acte la pensée de l'accroissement et soyez certain que votre client en a déjà ressenti l'impression.

Donnez cette impression d'accroissement dans tout ce que vous faites, de manière à ce que tout le monde ait l'impression que vous êtes un homme qui avance et qui fait avancer ceux qui travaillent avec lui. Même aux personnes que vous rencontrez dans la société en dehors de votre métier ou de vos affaires et sans avoir aucunement l'idée de faire des affaires avec elles, donnez l'impression d'accroissement; donnez-leur l'impression de leur propre accroissement.

Cette impression, vous pouvez l'imposer en ayant fermement la Foi que vous êtes vous-même dans le chemin de l'accroissement. Laissez donc cette Foi inspirer, emplir et pénétrer chacune de vos actions.

Faites tout avec la conviction que vous avancez et que vous aidez tout le monde à avancer.

Dites-vous que vous êtes en train d'acquérir la prospérité et que, ce faisant, vous êtes en train de donner la richesse à tout le monde.

Ne vous vantez pas de vos succès; n'en parlez pas à tort et à travers.

La vraie Foi n'est jamais vaniteuse.

Quand vous vous trouverez en présence d'une personne qui se vante vous pouvez être presque certain que cette personne n'a pas l'assurance intérieure dont elle fait montre.

Ayez seulement la Foi et laissez-la travailler pour vous. Que chacun de vos actes, le ton de votre voix, l'expression de votre visage, donnent l'assurance tranquille que vous êtes en train de devenir riche et même que vous l'êtes déjà. Les mots ne seront pas nécessaires pour communiquer cette impression aux autres. Ils l'éprouveront dès qu'ils seront en votre présence et ils se sentiront attirés vers vous.

Vous devez donner aux autres l'impression que s'ils sont en association avec vous, ils obtiendront eux-mêmes un accroissement. Vous leur donnez, en effet, par la confiance que vous inspirez en votre propre avenir, une valeur d'usage plus grande que la valeur argent.

Ayez l'honnête fierté de ce que vous faites et les concours vous viendront, car les hommes vont vers les sources d'accroissement. Et le pouvoir d'En-Haut, qui désire l'accroissement de tout et qui sait tout, va orienter vers vous des hommes et des femmes qui n'ont jamais entendu parler de vos succès; ils les augmenteront rapidement et vous serez surpris des choses inattendues qui viendront à vous. Chaque jour, vous pourrez faire des combinaisons plus vastes, obtenir des avantages plus grands et marcher, si vous le voulez, vers une vocation plus agréable.

Mais au Milieu de tout cela, ne perdez de vue ni la vision mentale de ce que vous désirez, ni la Foi en votre But.

Parvenu à ce point, laissez-nous vous donner ce conseil:

N'ALLEZ JAMAIS JUSQU'À RECHERCHER LA

DOMINATION ET LE POUVOIR SUR LES
AUTRES HOMMES.

Pour un esprit peu ou mal développé, rien
n'est aussi agréable que d'exercer un pouvoir
sur les autres. L'ambition de dominer en vue de
satisfactions égoïstes est le grand mal du monde
entier. Pendant des siècles et des siècles, les
Rois, les chefs d'Etat, les conquérants ont trem-
pé la terre de sang pour étendre leur domaine et
avoir eux-mêmes plus de pouvoir. Aujourd'hui,
les Rois et les conquérants ont été remplacés
d'une manière générale par les capitaines d'affaires et les faiseurs de trusts. Ces hommes font
manœuvrer des armées de chèques et de devises
et tuent des millions de cœurs et de vies dans
des batailles impitoyables pour conquérir le pouvoir sur les autres. Les actions des tyrans com-
merciaux, comme celles des tyrans politiques,
sont guidées par le désir immodéré du pouvoir.

Le Christ a vu, dans ce désir d'être maître des
autres, le levier principal de l'esprit du mal. Il a
stigmatisé l'attitude des pharisiens, parce que
pour être appelés maîtres et s'asseoir aux
hautes places, ils dominaient les autres et reje-
taient les fardeaux sur le dos des pauvres.
Comparez cette ambition misérable avec la
recherche fraternelle du Bien de tous à laquelle

le Christ a convié ses disciples.

Méfiez-vous de la tentation qui vous pousse à rechercher l'autorité et à ne devenir un maître que pour en imposer à la multitude par quelque parade.

L'esprit qui cherche à acquérir la maîtrise sur autrui est l'esprit de rivalité. Et l'esprit de rivalité n'est jamais l'esprit créateur. Pour dominer votre destin, il n'est pas nécessaire que vous dominiez vos frères. Au contraire, la vérité est que, lorsque vous entrez dans la lutte pour les autres places du monde, vous commencez à être touché par le destin, votre situation et vos richesses deviennent une affaire de spéculation et de chance, avec tout ce que la chance et la spéculation comportent d'incertitude et de danger.

Méfiez-vous de l'esprit de compétition. Que votre règle de conduite, que votre maxime favorite se formulent ainsi: « Ce que je désire pour moi-même, je le désire pour tout le monde.»

CHAPITRE XIV

L'HOMME QUI PROGRESSE

Ce que nous avons dit dans le dernier chapitre s'applique aussi bien à l'homme des professions libérales qu'à l'homme qui travaille pour un salaire et à celui qui est dans les affaires.

Que vous soyez médecin, avocat, prêtre ou professeur, si vous pouvez donner aux autres l'impression d'un accroissement de vie, ils seront attirés vers vous, et votre situation, dans la mesure où vous pouvez le souhaiter, deviendra prospère. Le médecin qui garde en lui la vision mentale de la guérison et du succès et qui travaille à réaliser cette vision avec l'intention et la Foi, comme il a été dit dans ce livre, parviendra à être en contact tellement étroit avec la Source de la vie, qu'il obtiendra des succès et que les malades afflueront de plus en plus vers lui.

Nul plus qu'eux n'est plus justifiable des enseignements de ce livre, quelle que soit l'école à laquelle ils appartiennent, parce que pour eux tous le principe de la guérison est le même. Le médecin qui garde en lui une claire image mentale de son succès professionnel et qui obéit aux lois de la Foi dans le but et de la gratitude, guérira tous les cas guérissables, sans distinction de genre, sans distinction de remèdes employés.

Dans le domaine de la religion, les fidèles recherchent ceux qui enseignent conformément aux paroles du Christ en ce qui concerne la vie plus abondante. L'homme qui a maîtrisé dans ses détails la science de l'accroissement, l'homme qui a compris la science du bien-être et qui l'enseigne en chaire, sera suivi. La foule l'écoutera avec bonheur et l'aidera dans sa mission.

De même pour le professeur qui inculquera à ses élèves la Foi dans le progrès à la vie. Il sera écouté, il communiquera sa Foi à ses élèves. Mais comment la communiquerait-il s'il ne la possédait lui-même, pour lui-même dans sa vie matérielle ?

Ce qui est vrai du professeur ou du médecin, est vrai de l'avocat, du dentiste, de l'homme d'affaires, de tout le monde.

La méthode que nous enseignons ici est infaillible. Tout être humain qui suivra à la lettre, avec persévérance et continuité, nos instructions, atteindra la prospérité. La loi d'accroisse-ment de la vie est aussi exacte et rigoureuse que la loi de la gravitation.

Atteindre l'abondance est véritablement le fait d'une science exacte.

Le salarié comprendra qu'il en est de même pour lui. De ce point de vue, il n'y a pas de dif-férence entre l'homme à gage et les autres. Ne vous dites pas que vous n'avez aucune occasion de devenir riche parce que vous travaillez dans un emploi subalterne, ou qu'aucune chance d'amélioration ne vous apparaît, ou que les gages sont bas et permettent mal de satisfaire au coût élevé de la vie. Formez en vous, d'une façon claire, la vision mentale de ce que vous désirez et commencez à agir avec la foi et le ferme propos.

Accomplissez chaque jour tout le travail que vous pourrez accomplir. Accomplissez votre tâche de manière aussi parfaite que possible.

Mais incorporez, à chaque chose que vous faites, l'image du succès et le ferme propos de la prospérité.

N'agissez pas ainsi avec l'idée d'obtenir la faveur de votre employeur ou avec l'espoir que vos chefs vous donneront de l'avancement en considération de l'application de votre travail. Il est fort probable que cela ne les y déterminerait pas.

Celui qui n'est qu'un bon ouvrier ou un bon employé et qui remplit sa tâche de son mieux, constitue une valeur pour son employeur, précisément dans l'emploi qu'il occupe. L'employeur n'a aucun intérêt à lui donner de l'avancement et il préfère de beaucoup l'utiliser où il est.

Pour avancer, il ne suffit pas d'être supérieur à l'emploi que l'on tient.

L'homme qui est certain d'avancer est celui qui a une vision claire de ce qu'il veut être, qui sait ce qu'il peut devenir et qui est déterminé à être ce qu'il souhaite être.

Comme il a été dit plus haut, n'essayez pas d'accomplir votre travail actuel avec uniquement l'idée de faire plaisir à un employeur. Faites-le avec amour pour tous et afin d'avancer vous-même.

Gardez en vous, avant, pendant, après votre travail, la Foi et le dessein d'accroissement et cela de telle manière que chaque personne que vous rencontrerez et qui sera en contact avec vous: chef de service, camarade ou relation, sentira le pouvoir des radiations qui émanent de vous.

Les hommes seront attirés vers vous et si, dans votre occupation présente, vous n'avez pas d'occasion d'avancement, vous verrez bientôt se présenter une occasion de changer d'emploi.

Il y a un Pouvoir qui, jamais, ne manque de présenter l'occasion à l'homme qui avance en suivant les lois.

Dieu ne peut s'empêcher de vous aider si vous agissez d'une Certaine Façon. Il doit le faire pour l'établissement de son propre plan: l'Abondance pour Tous.

Il n'y a rien dans les circonstances qui vous entourent, ni dans votre situation matérielle, qui puisse vous empêcher d'avancer. Si vous ne pouvez acquérir la prospérité en travaillant dans la métallurgie, vous pouvez l'acquérir en exploitant une petite ferme, ou quelque chose d'autre, qui soit à votre gré; et si vous commencez à vous mouvoir d'une Certaine Façon, vous échapperez aux griffes de l'usine et vous obtiendrez la ferme, si c'est la ferme qui vous tente.

Si plusieurs milliers d'ouvriers des grands trusts agissaient d'une Certaine Façon, ces entreprises ne tarderaient pas à être dans une situation difficile. Elles seraient contraintes, ou d'accorder plus d'avantages à leurs ouvriers, ou de fermer leurs portes.

Personne n'est forcé de travailler pour les capitaines d'industrie. Aussi longtemps qu'il y aura des hommes trop ignorants pour connaître la science d'acquérir la richesse, ou trop paresseux d'esprit pour en pratiquer les lois, trusts et capitaines d'industrie seront tentés de maintenir leurs ouvriers dans les pires conditions.

Commencez à penser et à agir de la bonne façon et votre Foi, jointe aux fermes propos, amènera vers vous les occasions d'améliorer votre condition.

Ces occasions viendront vite, car le Pouvoir Suprême travaillant en tous, et travaillant pour vous, les apportera devant vous.

N'attendez pas, pour accepter une occasion, d'être en présence de l'occasion idéale que vous cherchez; dès qu'une occasion meilleure que la vôtre se présente, si vous êtes sollicité de la saisir, saisissez-la, ce sera le premier pas vers l'occasion idéale.

Le manque d'occasion pour l'homme qui avance est ce qu'il y a de plus impossible dans l'Univers.

Il est dans la nature même de l'Univers d'orienter toutes choses en faveur de cet homme, et de tout faire travailler pour son bien. Il est obligé d'acquérir la prospérité s'il travaille d'une Certaine Façon. Que les salariés des deux sexes étudient avec soin ce livre et qu'ils suivent avec confiance le chemin qui leur est indiqué.

Ils ne connaîtront pas d'insuccès.

CHAPITRE XV

QUELQUES CONSEILS
ET OBSERVATIONS POUR CONCLURE

A la pensée qu'il peut exister une méthode qui procure la richesse, beaucoup de gens ne manqueront pas de se moquer. Persuadés que les sources des richesses sont limitées, ils diront que les institutions sociales et les formes gouvernementales doivent être changées avant que le grand nombre puisse acquérir une réelle prospérité.

Cela n'est pas vrai.

Sans doute les gouvernements actuels, qu'ils le veuillent ou non, maintiennent les masses en état de pauvreté; mais c'est parce que les masses ne savent ni penser, ni agir d'une Certaine Façon.

Si les masses commencaient à aller de l'avant, ni gouvernements, ni coalitions industrielles ne pourraient les arrêter. Tous les systèmes existants sont obligés de se modifier dès que le progrès se met en marche.

Si les gens avaient l'Esprit d'Avance, la Foi

qu'ils peuvent être riches, et s'ils se mettaient en marche avec l'idée fixe de le devenir, rien ne pourrait les maintenir dans la pauvreté.

Les individus peuvent se servir de la bonne méthode quelle que soit l'époque dans laquelle ils vivent, quelle que soit la forme de gouvernement qu'ils subissent. Et quand beaucoup d'entre eux auront acquis la prospérité, ils obligeront les systèmes actuels à se transformer pour ouvrir le chemin aux systèmes de l'avenir.

Plus il y a d'hommes qui s'enrichissent sur le plan de la concurrence, plus il en résulte de mal.

Plus il y a d'hommes qui deviendront riches sur le plan créateur, plus il en résultera de bien pour les autres.

Le salut économique des masses ne peut être obtenu que par un nombre toujours plus grand d'individus pratiquant les méthodes contenues dans ce livre et, par conséquent (appelons les choses par leur nom) à devenir riches. Ils montreront le chemin à d'autres, leur inspireront le désir d'une vie plus large et la foi et le ferme propos.

Pour l'instant, qu'il vous suffise de savoir que ni forme de gouvernement ni forme de capitalisme ne peuvent s'opposer à votre prospérité.

Quand vous entrez dans le plan créateur de la pensée, vous vous élevez vous-même au-dessus des limitations de ressources, vous devenez comme le citoyen d'un autre Etat. Mais souvenez-vous que votre pensée doit être maintenue sur le plan créateur, que vous ne devez pas être distrait un instant par l'idée que les ressources de la société présente sont limitées.

Vous ne devez pas vous abandonner à l'esprit de concurrence et de rivalité. Si vous avez la tentation de retomber dans votre ancienne façon de penser, corrigez-vous tout de suite, parce que dès que vous entrez en concurrence, l'Univers cesse de coopérer avec vous.

Ne perdez pas votre temps à considérer ce que vous serez dans l'avenir, sauf quand cela touche immédiatement à vos affaires présentes.

Vous avez à faire le travail d'aujourd'hui d'une façon parfaite et sans vous préoccuper des circonstances qui peuvent se produire demain. Il sera toujours temps, lorsqu'elles se présenteront, de prêter attention aux événements d'alors.

Ne vous préoccupez pas de chercher de quelle manière vous pourriez écarter les obstacles qui semblent surgir à l'horizon, à moins que vous n'aperceviez que vos dispositions présentes doivent être changées pour que ces obstacles soient écartés.

Quelle que soit la grandeur apparente des obstacles que vous devinez au loin, si vous continuez à présent à agir d'une Certaine Façon, ces obstacles disparaîtront à votre approche, ou bien vous verrez votre chemin passer, d'une manière inattendue, au-dessus ou à côté d'eux.

Aucune combinaison de circonstances ne peut terrasser l'homme ou la femme qui est sur la voie de la prospérité par la méthode des pensées.

Celui qui observe ces lois est aussi sûr de réussir qu'il est sûr que deux et deux font quatre.

Ne pensez pas aux échecs possibles, aux obstacles, aux combinaisons défavorables de circonstances. Nous vous le répétons: Il sera toujours temps d'y faire face. Si les difficultés surviennent dans le présent, chacune d'elles sera accompagnée d'une solution permettant de la vaincre.

Soyez prudent en paroles. Ne parlez jamais de vous-même ni de vos affaires d'une façon découragée.

N'admettez jamais la possibilité de l'insuccès

et ne parlez jamais d'une façon qui semble l'admettre. Ne dites pas que les temps sont difficiles, qu'il y a une crise, que les affaires vont mal. Difficultés, crise, mauvaises affaires, tout cela peut menacer ceux qui se placent sur le terrain de la concurrence, mais ne saurait vous atteindre, vous qui créez ce que vous désirez et qui êtes au-dessus de la peur.

C'est quand les autres sont aux prises avec les difficultés et quand leurs affaires vont mal que les meilleures occasions vous sont offertes.

Entraînez-vous à regarder le monde comme une chose qui va bien et qui va en croissant. Entraînez-vous en même temps à regarder le mal comme une présence sans développement.

Parlez toujours un langage d'accroissement. Agir autrement, c'est nier votre Foi, et nier votre foi, c'est tout perdre.

Ne soyez jamais désappointé. Vous pouvez attendre une chose pour un temps donné et ne pas recevoir cette chose au temps que vous vous êtes vous-même fixé. Cela vous semblera une manière d'insuccès.

Mais si vous êtes assuré dans votre Foi, vous ne tarderez pas à reconnaître que cet insuccès est seulement apparent et non réel.

Continuez à penser et à agir d'une Certaine Façon. Si vous ne recevez pas la chose que vous avez demandée, vous recevrez à sa place quelque chose de tellement meilleur que votre déception vous apparaîtra, au second examen, comme un grand succès.

Un étudiant de la science des pensées avait mis son esprit sur une certaine combinaison d'affaires qui lui semblait très avantageuse pour lui et il y avait travaillé plusieurs semaines pour la faire réussir. Au moment de la conclusion, l'affaire fut perdue pour lui d'une façon inexplicable, exactement comme si une influence invisible avait travaillé contre lui. Il ne se montra point désappointé. Au contraire, il remercia Dieu d'avoir gouverné son désir. Il resta ferme dans son esprit de gratitude; au bout de quelques semaines, une autre occasion lui vint, et celle-ci était à ce point meilleure qu'il n'aurait plus voulu, pour rien au monde, avoir réussi la première combinaison. Il comprit ainsi que l'esprit, qui en sait plus long que nous, l'avait empêché de perdre la deuxième occasion et avait, pour cela, fait échouer la première.

En somme, chaque insuccès apparent travaille pour vous si vous conservez votre Foi, votre calme, si vous demeurez ferme dans votre dessein, si vous avez la gratitude, si chaque jour vous faites avec toute l'attention possible votre tâche en considérant chacun de vos actes comme un succès.

QUAND VOUS AVEZ UN INSUCCÈS, C'EST PARCE QUE VOUS N'AVEZ PAS DEMANDÉ ASSEZ. CONTINUEZ, UNE CHOSE PLUS GRANDE QUE CELLE QUE VOUS CHERCHEZ VIENDRA CERTAINEMENT VERS VOUS, - N'OUBLIEZ PAS CELA.

Vous n'aurez jamais d'insuccès faute de talent pour accomplir ce que vous désirez faire.

L'objet de ce livre n'est pas d'aborder la culture des talents, mais cette culture est aussi simple que la science de l'Abondance.

En tout cas, n'hésitez pas. Ne soyez pas inquiet sur le point de savoir si vous avez l'aptitude voulue pour la nouvelle place qui se présente à vous. Allez de l'avant, l'aptitude vous sera donnée en temps opportun. La provision d'aptitudes qui a été dispensée libéralement à certains hommes d'Etat peu instruits et qui, cependant, ont laissé une réputation méritée dans leur patrie, est un exemple qui doit vous encourager. Vous pouvez tirer de l'esprit de sagesse tout ce qu'il vous faut quand vous êtes en présence de vos responsabilités. Donc, allez et soyez plein de Foi.

Etudiez ce livre. Faites de lui votre compagnon constant jusqu'à ce que vous ayiez assimilé tout ce qu'il contient. Tant que vous n'êtes pas absolument assuré dans votre Foi, vous ferez bien de supprimer toute récréation et tout plaisir et de ne pas aller là où les idées seraient en conflit avec celles qui sont exposées ici. Evitez de discuter et d'argumenter sur ce terrain. Passez la plus grande partie de votre temps à ruminer votre vision mentale, à augmenter votre gratitude et à relire ce livre. Il contient tout ce que vous avez besoin de connaître pour l'art de la prospérité.

CHAPITRE XVI

RÉSUME
DE LA SCIENCE DE L'ABONDANCE

IL Y A UNE SUBSTANCE QUI PENSE, DE LAQUELLE TOUTES CHOSES SONT FAITES ET QUI, DANS SON ÉTAT ORIGINEL PÉNÈTRE TOUT ET EMPLIT TOUT DANS L'UNIVERS.

UNE PENSÉE MISE DANS CETTE SUBSTANCE PRODUIT LA CHOSE OU L'OBJET QUI EST IMAGINÉ PAR CETTE PENSÉE.

L'HOMME PEUT FORMER LES OBJETS DANS SA PENSÉE ET, EN IMPRIMANT SA PENSÉE SUR LA SUBSTANCE SANS FORME, lL PEUT AMENER LES OBJETS AUXQUELS IL PENSE À SE CRÉER AUTOUR DE LUI.

Pour parvenir à cela, l'homme doit passer du plan de la concurrence au plan de l'esprit créateur. Sans quoi il ne peut être en harmonie avec l'Intelligence sans Forme qui est toujours créatrice, qui n'est jamais en état de rivalité. L'homme peut se mettre complètement en harmonie avec la Substance sans Forme en entretenant en lui une vive et sincère gratitude pour tous les bienfaits qu'il reçoit. La gratitude unit l'esprit de l'homme à l'Intelligence de la Substance, de telle sorte que les pensées de l'homme sont enregistrées par la Substance sans Forme. L'homme peut demeurer sur le plan créateur rien qu'en s'unissant à l'Intelligence sans Forme au moyen d'un profond et continuel sentiment de gratitude.

L'homme doit se former une image mentale définie et claire de ce qu'il désire être, avoir ou faire. Il doit retenir son image mentale dans ses pensées tout en étant profondément reconnaissant envers le Pouvoir Suprême de l'accomplissement présent ou prochain de ses désirs. L'homme qui veut acquérir la prospérité doit passer ses heures de loisirs à contempler en lui-même la vision mentale qu'il s'est formée et à rendre grâce, en même temps, de ce que ces souhaits sont en train de se transformer en réalité. On ne saurait attacher trop d'importance à la contemplation de la vision mentale unie à une foi inébranlable et à une vive gratitude. Cela est le procédé par lequel les pensées sont imprimées dans Substance sans Forme et les Forces créatrices mises en mouvement. L'Energie créatrice opère par l'entremise des éléments normaux de développement et de croissance dans l'ordre naturel, industriel et social. Tout ce qui est contenu dans l'image mentale se manifestera certainement dans le domaine de la forme au profit de l'homme qui se conforme aux lois d'abondance et dont la Foi ne varie pas. Ce qui lui est nécessaire lui arrivera par la voie habituelle de la vie sociale.

Afin de recevoir ce qui déjà lui appartient, l'homme doit être actif, et cette activité consiste à être supérieur à sa besogne présente. L'homme doit garder dans son esprit le dessein d'acquérir la prospérité par la réalisation de sa vision mentale. Il doit faire chaque jour ce qui peut être fait ce jour-là, en prenant soin d'accomplir chacun de ses actes d'une manière irréprochable.

Il doit donner à chaque homme une valeur d'usage plus grande que la valeur argent qu'il reçoit afin que chaque transaction augmente la vie de l'ensemble. Il doit enfin maintenir en lui l'idée d'avancement afin que l'impression d'accroissement se communique à tous ceux avec lesquels il entre en rapport.

Les hommes et les femmes qui se conformeront aux instructions contenues dans ce livre, deviendront certainement riches et leur richesse sera en proportion exacte de l'emploi et de l'activité de leur vision mentale, de la fixité de leur but, de la profondeur de leur Foi.

Québec, Canada
1999